SAUVONS NOS ENFANTS

Hélène Roques

SAUVONS NOS ENFANTS

Isolement, harcèlement, découragement…
De 11 à 16 ans, ils nous parlent.

Robert Laffont

Ouvrage publié sous la direction de Marion Lavenir

ISBN 978-2-221-27064-6
Dépôt légal : août 2023
Éditions Robert Laffont – 92, avenue de France, 75013 Paris

À Lisa, Rose, et Stéphane,
à notre traversée.

« Avant de s'agrandir au-dehors, il faut s'affermir au-dedans. »

Victor Hugo, *Post-scriptum de ma vie*,
Calmann-Lévy, 1901

Prologue

Une amie proche revient de deux hôpitaux différents où ont été admis, en urgence, ses deux enfants. Elle s'écroule, hébétée, sur une chaise. Elle n'avait rien vu venir. Que leur est-il arrivé ?

Qu'est-il arrivé à notre société pour que pas une semaine ne passe sans qu'une alerte ne mette en lumière la souffrance psychologique des adolescents ?

Ces questions, sur lesquelles je travaille depuis plusieurs années, sont à la source de ce livre. Un ouvrage qui éclaire l'emprise des mutations rapides de notre époque sur l'intimité d'une famille, d'une mère, de parents, de jeunes adultes, de citoyens en devenir. Et qui analyse comment notre société approche – ou refuse d'approcher – la santé des adolescents, l'éducation des jeunes, les questionnements sur l'identité et les manifestations les plus douloureuses comme la souffrance morale et physique, le décrochage scolaire, la perte de l'estime de soi.

L'historien Georges Vigarello, dans son éclairante *Histoire de la fatigue*[1], met en évidence les nouvelles formes d'épuisement qui envahissent les foyers et auxquelles la société s'est intéressée ces dernières années. Le *burn-out* des salariés – épuisement physique émotionnel et mental – a été nommé. Puis, plus récemment, les mots « charge mentale des femmes » sont venus poser un diagnostic sur un mal parfois sous-estimé, voire nié.

Or la souffrance des adolescents exprime elle aussi une difficulté d'adaptation à un monde inconstant et instable.

Je suis une mère qui, comme beaucoup de femmes, traverse le tourbillon de cette époque. J'ai vécu, comme bien d'autres, les difficultés de mener de front la petite enfance de mes enfants et le travail. Comme bien d'autres, j'ai accueilli avec soulagement le désir de la société de reconnaître enfin ce tiraillement. Nommer un mal est le début d'une perspective de guérison. Aussi, travaillant depuis plusieurs années sur les questions qui affectent la jeunesse, j'ai éprouvé une nécessité urgente à dessiner un portrait de cette génération. Car les adolescents méritent que la société comprenne et mette en mots ce qu'il leur arrive.

1. Georges Vigarello, *Histoire de la fatigue*, Paris, Seuil, 2020.

Je suis une femme engagée qui, comme beaucoup d'autres, essaye d'agir pour réparer le monde. Hier au service de l'État, dans mon travail au niveau local ou national ; plus récemment, enseignante dans un lycée de Paris ; comme citoyenne, toujours active et souvent militante ; femme d'entreprise qui conduit depuis plus de vingt ans des acteurs du secteur privé dans des projets de développement durable. Durant ma vie professionnelle, j'ai travaillé, en France et en Europe, au sein de sociétés, d'institutions publiques, dans le monde associatif, et au sein d'organismes de recherche. Toujours pour essayer de construire un monde meilleur pour les générations futures et en menant d'abord des projets permettant de lutter contre le changement climatique.

Mais, aujourd'hui, il n'est plus possible de choisir entre la planète que nous laisserons à nos enfants et les enfants que nous laisserons à notre planète. Il faut écouter cette génération, comprendre ce qu'il lui arrive. Et, donc, agir.

*

Depuis dix ans, je réalise des enquêtes sur les jeunes Français avec Ipsos. Celles-ci ont permis d'analyser leurs habitudes de vie, pour comprendre ceux qui sont exposés au stress, au surpoids, à l'isolement. Certaines enquêtes ont permis d'alerter les pouvoirs publics, notamment sur les effets de la solitude des adolescents, isolés derrière leurs écrans.

À la suite de la pandémie du Covid-19 et des nombreuses mises en garde de pédopsychiatres, j'ai concentré mes travaux sur les jeunes en âge d'aller au collège. Car si des données scientifiques commencent à être disponibles sur le niveau d'anxiété des adolescents en général, on dispose de peu d'informations précises concernant les 11-15 ans. Et encore moins sur les sources de leur mal-être. Peu de travaux analysent en détail combien l'école est concernée, l'école qui est tout à la fois la cause et la solution de certains maux.

Dans cette perspective, j'ai créé une structure appelée Notre avenir à tous, destinée à porter un travail d'enquête sur les adolescents et à engager des actions dans le domaine de l'éducation. La fondation Jean-Jaurès et l'Essec ont soutenu une première étude consacrée aux Français âgés de 11 à 15 ans. Avec Karine Lamiraud, professeure d'économie de la santé à l'Essec, nous avons prolongé ce travail en produisant un baromètre des adolescents appartenant à la même tranche d'âge.

Les données obtenues révèlent qu'un adolescent sur deux souffre d'anxiété ou de symptômes dépressifs, ce qui signifie que la moitié de cette classe d'âge arrive à la porte de l'école dans un état d'anxiété préoccupant, état qui semble s'aggraver d'année en année, d'après les résultats du baromètre. Un autre chiffre plus alarmant encore est apparu : 10 % des jeunes en âge d'aller au collège ont déclaré, en 2021, être concernés par des idées suicidaires. Un an plus tard, à une question posée dans les mêmes conditions, 17 % d'entre eux se disaient exposés à ces pensées terrifiantes !

*

Si ce constat, issu d'une enquête réalisée par Ipsos, permet d'analyser rigoureusement les maux des jeunes, ces analyses agrégées et synthétiques, pour précieuses qu'elles soient dans la mesure des nuances dans l'espace et des évolutions dans le temps, oblitèrent les réalités émotionnelles des situations individuelles. Qu'il faut pourtant comprendre et traiter.

Il m'a donc semblé essentiel de prolonger l'exercice par une enquête reposant sur de véritables interactions humaines. C'est pourquoi j'ai décidé de compléter les analyses issues des sondages par un contact direct avec les adolescents, pour essayer de mieux les comprendre.

Je suis donc allée à leur rencontre. Dans toute la France. De Lille à Ajaccio. Afin de les écouter. Nombre d'entre eux, âgés de 11 à 16 ans, se sont portés volontaires pour témoigner au sein de leur établissement scolaire, collège ou lycée. J'ai rencontré d'autres adolescents, dans les centres d'animation où ils passent le mercredi après-midi comme dans les maisons de quartier où ils font leurs devoirs après la classe. Certains jeunes m'ont même donné accès à leur environnement familial.

J'ai simplement proposé à chacun de s'exprimer anonymement, de me raconter sa vie quotidienne, son parcours, son cheminement. À tous, j'ai dit qu'il s'agissait d'éclairer le monde des adultes sur la réalité de la vie de leur génération.

Ces jeunes ont montré un intérêt sincère envers la démarche, heureux de décrire leurs itinéraires personnels, de raconter leurs difficultés, de développer leurs projets mais aussi de dévoiler leurs rêves. Ils se sont remémoré les obstacles passés. Certains ont expliqué ce qui les inquiétait ou ce qui les faisait souffrir, mais aussi ce qui les aidait et les motivait. D'autres ont décrit les circonstances qui les ont sauvés. Tous ont saisi l'opportunité de ces échanges pour proposer des solutions capables d'éclairer les adultes soucieux de mieux comprendre ce qui caractérise leur génération, et désireux de répondre plus pertinemment à leurs attentes.

Le format des entretiens a favorisé l'envie des jeunes de se confier. Non pour s'épancher, mais pour exprimer leur vérité, même si celle-ci doit parfois passer par la mise en cause de personnes ou d'institutions. Les échanges, menés sans questionnaire ni enregistrement, ont duré au moins une heure et ont souvent pris la forme de conversations en tête à tête, rarement de discussions avec deux ou trois adolescents. Les pages qui suivent retracent donc la parole libre, et sans filtre, de plusieurs dizaines d'entre eux.

J'ai tenu à rapporter les faits et événements tels qu'ils m'ont été racontés. Et à restituer les détails et le contenu émotionnel des récits. Ces détails, insignifiants en apparence, donnent en réalité accès à l'intime, et forment un matériau unique pour comprendre ce que ces jeunes vivent et, surtout, ressentent dans leur quotidien. Ils aident à identifier les ressorts qu'il nous faut explorer afin que les adolescents aillent mieux.

*

Ce livre s'ouvre donc sur un portrait inédit, comme un tableau impressionniste, mais extrêmement divers et réaliste, des adolescents de notre pays.

Tous ces jeunes, puisqu'ils se sont portés volontaires, vont plutôt bien au moment des entretiens, mais leurs histoires personnelles sont parfois lourdes. Si les faits rapportés s'avèrent parfois légèrement transformés, ou plutôt atténués à la marge, c'est uniquement pour préserver leur anonymat. Pour autant, rien de ce qui m'a été dit ne se voit exagéré ou amplifié dans les propos qui suivent. Les prénoms des intervenants sont changés ; les lieux parfois aussi.

Ce portrait de la jeunesse française est, ensuite, confronté aux données du baromètre de Notre avenir à tous, intitulé « Les adolescents face au monde, du mal-être à la détresse », qui repose sur des enquêtes réalisées auprès de 1 000 d'entre eux, interrogés durant deux années successives. Des données régionales sur l'anxiété, la relation à l'école, et même la peur des notes, sont publiées pour la première fois.

Enfin, des pistes sont proposées, fruits des suggestions faites par les jeunes eux-mêmes, mais aussi de propositions formulées par les adultes qui les accompagnent : parents, familles, professeurs, éducateurs, médecins, pédopsychiatres, infirmières, psychologues, tous ceux qui consacrent leurs journées à l'éducation et à la santé des adolescents.

*

Beaucoup de persévérance collective est nécessaire pour produire de l'optimisme. Mais cette jeunesse qui dit ses maux et ses souffrances nous dit aussi ce dont elle est capable si l'on croit en elle. Car en chaque adolescent, même triste ou déprimé, existe une étincelle qui peut libérer d'immenses capacités de création et d'engagement.

Ce livre se présente donc comme une tentative de répondre au cri des jeunes dont le mal-être se révèle être un symptôme des différentes maladies qui touchent toute la société. Comme les canaris utilisés jadis dans les mines de charbon pour prévenir les mineurs de l'imminence d'un coup de grisou, les adolescents, par la manifestation de leurs symptômes particulicrs, expriment l'urgence de modifier certaines manières de gérer notre société.

*

Ce livre est un voyage.

Un voyage pour découvrir le monde des adolescents.

Un voyage pour donner une voix à une jeunesse invisible, souvent trop jeune pour être considérée comme prioritaire par les politiques publiques en faveur des étudiants, souvent trop âgée pour être protégée par les actions locales en faveur de la petite enfance.

Un voyage pour ébranler quelques idées confortables sur le mal-être des adolescents, des idées reçues, des antiennes qui permettent de préserver nos habitudes de vie. Des habitudes accommodantes qui font dire à tous que « tout cela existe depuis toujours » ou bien que « c'est très compliqué », et qui font penser voire déclarer à chacun : « Ce n'est pas moi, c'est l'autre. » Des raccourcis qui autorisent l'hôpital à prétendre que c'est l'école, l'école, à répondre : « Ce sont les parents », les parents, à rétorquer : « Ce n'est pas nous », la puissance publique, à s'en laver les mains en arguant : « C'est un phénomène mondial. »

Un voyage pour enrayer la diffusion du déni et de la résignation, ces deux maladies contagieuses qui ont imprégné toute une génération à propos du climat. Car, comme le changement climatique, le mal-être des adolescents est un phénomène qui se construit avec la culpabilité des aînés et empire lorsqu'ils adoptent une attitude de fuite.

Un voyage pour armer d'optimisme une génération, donnée indispensable pour libérer sa créativité, construire des lendemains qui ne déchantent plus, substituer l'envie de grandir à la peur de ne pas être à la hauteur.

Un voyage pour panser quelques plaies mais aussi soutenir les adultes confrontés à la douleur de leurs enfants, adultes souvent désarmés face aux symptômes de cette souffrance.

Un voyage dans lequel je me suis immergée, en femme d'entreprise, en citoyenne engagée, en professeure au contact des adolescents, mais aussi en mère alertée.

Première partie

Trente adolescents racontent

1

À Lille
L'apaisement
dans les friches industrielles rénovées

J'entreprends ce voyage en partant à la découverte des adolescents de Lille.

Lille, la quatrième ville la plus peuplée de France.

Pour autant, à la gare, je suis surprise de voir qu'on ne se pousse pas dans les escaliers mécaniques.

Par habitude sur la file de gauche, cette fois avec un ordinateur et des bagages un peu trop lourds, je me ravise pour ne pas gêner les voyageurs pressés. Je m'attends à être bousculée, je me faufile vers le côté droit, celui des personnes raisonnables, mais ce n'est pas nécessaire. Ici, chacun a calculé son temps ; nul ne va rater son train. Je cherche où prendre le métro, direction Fives, cette ancienne friche industrielle aux couleurs londoniennes réhabilitée dans un esprit citoyen.

C'est la même tranquillité apaisée qui ressort des entretiens conduits au Lycée hôtelier international, établissement où je suis allée rencontrer les premiers des adolescents intéressés par l'idée de parler de leur vie, de leurs années collège ou lycée, de leurs difficultés, de leurs projets et parfois de leurs rêves.

Ici, chacun semble avoir sa place, dans un parcours dont il connaît le but et le sens. Un rêve de carrière ? Rien de plus facile à raconter ; tout va bien se passer, en ces lieux on est pragmatique, on a un plan. La tension, la pression, c'était avant. L'avenir paraît riant.

J'avais souhaité explorer la société, peu médiatisée, des adolescents engagés dans le monde professionnel. Et je cherchais un lieu d'exception, que les jeunes veulent intégrer. Le Lycée hôtelier international de Lille répondait à ces attentes, lui qui est à la fois l'un des sites majeurs de renouvellement urbain à Lille et l'un des plus beaux établissements scolaires de France.

J'ai d'abord pensé que les adolescents que l'on me présentait avaient été soigneusement sélectionnés par le proviseur afin de donner une image du lycée encore plus belle que celle à laquelle je m'attendais, l'architecture du bâtiment disant combien on respecte ceux qui y étudient. Mais une soirée au milieu des élèves de l'internat, une nuit dans l'hôtel d'application et deux repas à la cantine ne mentent pas. Je me trouvais bien devant des élèves heureux. Cela voulait-il dire qu'ils avaient été des enfants heureux ?

Olivia passera les frontières

> « Le travail ne doit pas entrer dans ma vie privée. »
>
> Olivia, 15 ans, Wardrecques.

En cette fin d'après-midi, je suis installée dans la salle de jeux. C'est l'heure du ping-pong. La journée se termine pour ceux qui commencent à l'aube, peut-être les apprentis boulangers. Une balle passe dans la cour et se niche dans un parterre de plantes luisantes, bien ordonnées et en bonne santé. Un peu plus loin se trouve l'infirmerie. Un élève frappe pour une micro-blessure, si petite qu'on peine à la voir, comme un bobo de l'enfance que le plus petit modèle de la boîte de pansements suffira à apaiser.

C'est dans cette salle que s'avance Olivia, avant le repas du soir. Même après la classe, elle a encore le rose aux joues et l'œil pétillant qui font sans doute d'elle une précieuse pensionnaire pour qui partage sa chambre.

Habitante de la commune de Wardrecques où on ne reste pas au-delà du CM2, Olivia est partie à Aire-sur-la-Lys au collège. Mais c'est au sein de sa famille qu'elle a passé le confinement. Son père se rendait régulièrement à son travail, à la cristallerie d'Arques, pour produire gobelets colorés, flûtes fines ou verres à pied raffinés. Lui, qui alternait toujours le rythme des trois-huit à ce moment, était plus souvent à la maison. Une période qu'elle estime comme l'une des meilleures de son enfance puisqu'elle a joué dans le jardin avec son petit frère ou discuté avec le grand. Qui, lui, préfère se trouver avec sa famille, son université de management à Saint-Omer lui plaisant moyennement. « Le confinement, c'était génial ! confie Olivia, encore enthousiaste. Je jouais tout le temps, j'adore jouer, j'adore les jeux de société, le foot, c'est pour ça que jouer en ligne, c'est pas mon problème ! »

L'usine d'Arques, endettée, enchaîne les plans de redressement. Mais si elle fermait, son père pourrait profiter de la vie, comme elle pendant le confinement, pense-t-elle. Olivia adore son lycée mais n'ayant pas aimé beaucoup le collège, le confinement est bien tombé.

Elle ne se sentait pas bien dans l'établissement précédent parce qu'il était difficile de s'y faire des amis : dès qu'on change de classe, ce ne sont plus les mêmes. Elle a détesté ça. Résultat : on n'a pas vraiment d'amis fixes, on ne se dit pas grand-chose. Tout l'inverse des discussions vraies en famille de la période Covid.

Le seul moment heureux dont elle se souvienne, c'était le trajet dans le bus scolaire avec les enfants du village. Ça chantait, surtout au retour. Elle connaît encore tous les refrains par cœur.

En troisième, il y avait aussi une fille qui ne l'aimait pas. Qui retirait tous les jours sa chaise pour qu'elle tombe par terre quand elle allait s'asseoir. Mais Olivia savait parler, répliquer et ne pas laisser les choses prendre de trop grandes proportions ; depuis qu'elle est petite, sa mère lui a appris que, dans la vie, il faut avoir du tempérament. Les parents sont allés se plaindre, tout est rentré dans l'ordre. Mais Olivia n'a pas compris la sanction : « La fille s'en est sortie avec trois heures de colle, c'est peu quand même ! » Elle aurait volontiers aimé une vengeance.

Ce n'est pas grave à vrai dire, car Olivia l'a décidé : sa vie, ce sera « dans l'hôtellerie ». Depuis la quatrième, elle sait ce qu'il faut faire pour y arriver.

Plus tard, elle veut préparer les cocktails dans un restaurant gastronomique, métier grâce auquel elle pourra voyager. Partir, c'est son rêve, et c'est de lui qu'elle tire sa force.

Olivia a toujours attendu les vacances d'été.

« Tous les ans, on part deux semaines en France. On n'a jamais passé une nuit à l'étranger ! » dit-elle joyeusement, même s'il semble qu'elle aurait apprécié qu'il en soit autrement. « On passe les frontières, dans les deux sens, au cours d'une même journée ! » En Belgique bien sûr, mais surtout en Espagne, en Allemagne, en Suisse ; une marque de fabrique des congés familiaux. Reste qu'elle aurait adoré voyager davantage, comme certains de ses camarades qui, ici, parlent anglais. « Pour rencontrer de nouvelles personnes », dit-elle, le regard tout à coup plongé dans la boîte de pansements.

« J'ai jamais pris l'avion. Comme Clémentine. Alors quand on entend Pauline raconter qu'elle part en avion, on se regarde, Clémentine et moi, et on se comprend. Mes parents non plus n'ont jamais pris l'avion. Mon père en a une phobie, ma mère ne conduit pas, alors on ne peut pas aller loin. » C'est pourquoi Olivia veut voyager. Et s'en donne les moyens.

Elle sait à quoi ressemblera sa vie à la fin de ses études : « Pendant deux ou trois ans, je voudrais partir dans un bateau de croisière, je ferai les cocktails, ça va me faire voyager, il y aura des escales », dit-elle si gaiement et vivement que l'on voit défiler tout le bleu des mers et océans dans ses yeux.

Après le navire de croisière, elle envisage d'aller un temps dans le Sud dont elle adore les paysages, découverts quand elle était enfant, pendant les vacances d'été – ainsi que les cascades et la montagne. Dans le Nord, elle trouve « moyen » le plat tout le temps.

Elle aura plaisir à vivre quelques années en admirant d'autres reliefs.

Partir, oui, mais pas question de se séparer trop longtemps de la famille. Donc elle reviendra, et ce n'est pas le métier qui décidera ! Car habiter quelque part est un choix personnel. Pour Olivia, il ne faut pas tout mélanger. « Le travail ne doit pas entrer dans ma vie privée. »

Si elle avait voyagé, Olivia aurait peut-être pu comprendre ce qu'il se passe dans le monde.

« C'est Chrome qui me donne des nouvelles », dit-elle, en regardant son téléphone, qui lui envoie des notifications. Elle lit ce qui l'intéresse.

Par exemple ? « Par exemple une fille qui s'est fait violer dans Lille, ça, je regarde. »

Elle montre les notifications dans la barre du navigateur.

« La politique, je passe. »

Un autre exemple ?

« Les incendies, je regarde aussi. »

« Les viols. » (Elle le redit.)

Le climat, peut-être ?

« J'essaye d'être écolo, ce n'est pas évident, mais je fais attention. »

« Tu connais la jeune militante suédoise qui défend le climat ? » Je pose cette question parce qu'il y a ce jour-là une actualité la concernant.

« Qui ? » Olivia ne connaît pas son nom.

« Greta Thunberg, je réponds.

— Ah oui, elle, je connais, oui, ça, je regarde.

— Et d'autres choses ?

— La pauvreté en Afrique. »

Tout cela, Olivia suit.

Mais ces actualités sont trop tristes et, à choisir, quitte à être face à la dureté du monde, elle préfère se mettre devant des séries, ou plonger dans son livre de chevet, *Hunger Games*. Elle a pris l'habitude de le lire un petit quart d'heure chaque soir.

Et les films ?

« Uniquement des films catastrophe. »

Mais tous les matins, Olivia se réveille fraîche pour aller en classe.

Elle fera les meilleurs des cocktails. Elle verra les plus belles cascades, les plus belles montagnes, et aussi les mers.

Clémentine et les choses vraies

> « Le 1er juillet, je me souviens, c'était le jour du brevet, j'ai eu ma réponse, j'étais admise ! »
>
> Clémentine, 15 ans, Maubeuge.

On ne peut pas dire que Clémentine n'aimait pas l'école. En troisième, l'année précédente, elle aimait tous ses professeurs.

On ne peut pas dire qu'elle n'avait pas eu non plus de vie sociale au collège. Au contraire, elle y avait des amis.

Pour Clémentine, tout allait même plutôt bien… avant le lycée. Une amie à qui elle pouvait faire confiance, des copains du village dans le même bus tôt le matin… elle se pelotonnait encore dans le petit cocon de l'enfance. Ce bus de la départementale qui passe à Ferrière-la-Grande, ça rapproche ! Et lorsqu'il arrive enfin devant le collège, tous les enfants envoient aux parents le même message de bonne arrivée, ce qui a permis à Clémentine d'avoir un téléphone portable dès l'entrée en sixième.

Mais Clémentine a une vocation.

Elle a toujours voulu travailler dans la restauration. Depuis toute petite, elle aide sa mère à cuisiner, sa mère qui cuisine vraiment bien.

Les parents de Clémentine ont eu la bonne idée de ne jamais être trop pointilleux sur ses notes. Quand de moins bons résultats apparaissaient, il y en avait toujours un pour dire : « On va revoir ça ensemble. » À la différence des parents d'une de ses amies, Selma, trop stricts, trop peu confiants, qui vérifiaient tout, tout le temps. Il semble même que Selma ne soit pas libérée à ce jour du stress né de cette pression parentale puisque, la semaine précédente, elle était allée à l'hôpital. Clémentine avait vu que les notes prenaient chez elle trop d'importance. Mais qu'avait-il pu lui arriver pour qu'elle se retrouve hospitalisée ?

Elle était inquiète. Pas de nouvelles depuis huit jours !

Comme beaucoup d'enfants l'ont fait auprès de moi, Clémentine me raconte spontanément une année où sa confiance en elle a chaviré. Au contact d'un « méchant » professeur.

En sixième, les mathématiques n'étaient pas son point fort, mais le professeur encourageait toujours les élèves afin qu'ils s'améliorent. En cinquième ce fut l'inverse, l'enseignement de cette discipline étant tombé entre les mains d'une personne qui rabaissait les élèves. Cela pouvait être Clémentine, devant toute la classe, comme les camarades qui ne faisaient pas les divisions au rythme souhaité. « Même les meilleurs régressaient avec elle, à cause d'humiliations répétées », me raconte l'adolescente qui contient bien sa colère.

La phrase récurrente de l'enseignante sonne encore à son oreille, même si elle ne lui était pas adressée personnellement : « T'es vraiment un bon à rien ! »

En fait de division, c'est la confiance de toute la classe qui s'est retrouvée découpée en morceaux. Heureusement, le confinement est arrivé l'année suivante et, pour Clémentine comme pour Olivia, « c'était génial ». À travers un écran, les humiliations, c'est différent.

Reste que si Clémentine aimait l'école, elle avait besoin d'un ailleurs. Et cet ailleurs, c'était l'orientation en hôtellerie-restauration. En troisième, elle a enfin pu faire ce choix. Son premier vœu : le Lycée international de Lille. Motivée, toute l'année elle s'est accrochée, les demandes étant nombreuses pour entrer dans cet établissement exceptionnel.

Elle s'est d'abord retrouvée sur liste d'attente, puis le 1er juillet, jour du brevet, elle a obtenu sa réponse : admise !

Plus tard, à Paris, avec une autre adolescente prénommée Anouck, j'entendrai l'aventure inverse. Le jour de l'orientation à l'issue du brevet, dans la salle des professeurs, est une date dont certains de nos enfants se souviennent toute leur vie. Et les parents aussi.

De fait, c'est le moment où celle de Clémentine a basculé. Comme si, à partir de cet instant-là, elle était devenue actrice de sa propre existence, une autre personne, comme si elle était sortie de son statut d'élève, d'enfant qui répond à la demande, se conforme à la règle. Pour elle, désormais, il ne fallait plus aller tout simplement à l'école, mais se lever le matin afin d'apprendre le métier de sa vie.

Évoquant les années collège, Clémentine me parle de son chanteur préféré, Nekfeu. Pourquoi lui ? « Parce qu'il parle d'amour, et qu'il dit des choses vraies. » Autant de « choses vraies » qui ne demandent qu'à résonner avec la vie quotidienne. Clémentine ne parvient pas très bien à parler de ses lectures, mais elle sait qu'elles nourrissent l'envie de vie et de vérité. Oui, elle lit « quelquefois ». Lorsque je lui demande quels livres elle a le plus aimés, de sa voix très douce, elle répète à deux ou trois reprises : « Des histoires de crimes, surtout des histoires de crimes ! »

Des Agatha Christie ?

« Oui, des petites choses comme ça. » Cela la fait sourire.

Alors je comprends combien Clémentine, cette jeune fille tout en douceur, a pu s'ennuyer. Et surtout combien elle a « attendu » ce moment, ce lieu, cette seconde spécialisée en hôtellerie et restauration, ce point de départ qui lui permet d'exprimer des choses vraies, fortes, vivantes, de mettre toute son émotion – et même tout son amour si elle en a envie – dans ce qu'elle fait, comme le chanteur. Elle est rayonnante.

Lorsque je demande à Clémentine de décrire ce qu'elle sera dans quelques années, elle n'hésite pas : « Cheffe d'une grande brigade dans la gastronomie. »

Pour elle, dès qu'on parle au présent, plus rien n'est petit, n'est un fait isolé. Un fil se déroule sans s'emmêler. Et un fil de couleur. Aussi, elle n'a plus de temps à perdre. De fait, elle a déjà effectué un stage dans un lieu réputé. « C'est grâce à ce restaurant que j'ai choisi ma spécialité. »

Clémentine est une aventurière. La seule de son village, la seule de son collège à ne pas avoir choisi le lycée de secteur.

Bientôt elle pourra partir, direction le sud de la France, où il pleut moins. Mais plus tard elle reviendra près des siens.

Comme Olivia, elle franchira quelques frontières. Dans les deux sens. Chambre identique, quelques rêves en commun, on entend aisément la chanson qu'elles se racontent le soir.

Qu'aurait-elle fait si elle n'avait pas eu la possibilité de venir passer cinq ans dans ce lycée, avec cette orientation ?

Clémentine blêmit. « Impossible. Dépitée, j'aurais refait mes vœux pour y arriver. »

Un sentiment de vide me prend à l'idée que cette jeune fille aurait pu être empêchée de faire ce qu'elle voulait.

Elle, la future cheffe de brigade.

Pauline ne veut pas subir

« Je voulais devenir cardiologue, mon prof de SVT m'a dégoûtée des sciences. »

Pauline, 15 ans, Valenciennes.

Ce n'est pas la première fois que je rencontre un médecin dans l'âme qui parle de la cuisine comme d'une autre vocation possible.

Pauline n'aime pas rester assise.

Il lui faut du concret, le contact avec les gens. Il lui faut de l'action et être maîtresse de ses choix. Toujours. Alors, comme ses voisines de chambre Olivia et Capucine, en classe de troisième, elle a tout donné pour espérer voir son premier vœu se réaliser. Avec 17 de moyenne aux trois trimestres dans une excellente école privée sous contrat, à coup sûr, elle allait y arriver !

Deux parents professeurs, des aînés déjà partis suivre de belles études, l'un en urbanisme, l'autre en architecture, elle ne dépareillerait pas dans le tableau.

Mais le modèle familial portait aux nues la réussite dans les études universitaires. Aussi, lorsque Pauline a annoncé, à 14 ans, son désir de s'orienter vers un lycée technologique, ç'a été une surprise. D'autant qu'elle disait depuis toujours qu'elle s'inscrirait en faculté de médecine.

Pauline rêvait en effet d'être cardiologue. Elle raconte, non sans une certaine nostalgie, comment cette vocation s'est, un beau matin, emparée d'elle, en classe de CM2. Avant de renoncer.

« Un cardiologue avait visité ma classe et présenté son métier, raconte-t-elle. Il avait parlé de ses patients qui parfois devaient être opérés, et expliqué comment on leur remettait un cœur tout neuf, et la vie reprenait. J'avais été fascinée. »

Alors, très vite, elle s'est décidée.

À faire médecine comme lui.

Elle a acheté un petit carnet dans lequel elle s'est mise à noter tout, de façon propre et organisée. Elle y dessinait des cœurs, des artères, des valves, les coloriait.

Sa grand-mère, grand soutien et complice depuis le divorce de ses parents, admirait ses croquis chaque mercredi. Elle la voyait déjà en blouse blanche. Peut-être la soignerait-elle un jour ?

Cette vocation a accompagné ses débuts au collège.

Puis, tout à coup, le charme de la science s'est rompu, la passion est devenue souffrance.

« Une professeure de SVT a été "très méchante" [elle tient à ce mot] en sixième, cinquième, quatrième. Elle m'a dégoûtée des sciences. »

Elle ajoute : « Cette professeure était très stricte. Elle ne m'aimait pas, elle faisait son possible pour nous enfoncer, moi et ma copine, on n'avait jamais plus que 10 alors qu'on avait 18 dans toutes les autres matières. »

Qu'avaient-elles de différent ?

Pauline, en option sport, était particulièrement douée dans toutes les disciplines, en gymnastique, en course à pied, comme dans les pratiques collectives. Son amie et elle faisaient en outre partie des élèves « populaires » pour qui la performance physique compte plus que le reste. Pauline est même devenue capitaine de l'équipe de basket. Un peu de jalousie de la part de l'enseignante ? Certainement. Gérer ses pairs ou camarades, Pauline savait faire et jamais les conflits ne duraient. Mais comment affronter la jalousie d'un prof ?

Voilà ce que Pauline subit et elle n'est pas la seule, malheureusement pour sa copine.

Il lui a fallu trois ans pour comprendre ce qui arrivait. Ses parents étant professeurs, elle sait la jalousie d'un enseignant exceptionnelle, le contraire de tout ce qui pousse à choisir cette profession, mais cette réalité lui est tombée dessus.

Comment une enfant qui entre en sixième, après avoir vécu des années de bonheur avec des professeurs des écoles plus bienveillants et ingénieux les uns que les autres, peut-elle concevoir qu'une autre professeure veuille, elle, rabaisser ses élèves ? Comment réagir lorsque celle-ci n'est jamais contente quand un devoir est réussi ou devient désagréable le jour d'un succès dans une compétition sportive ? « C'est bien, le basket, mais il faudrait penser à écrire lisiblement les unités dans tes copies ! » lui assène un jour celle qui agit comme une rivale. Beaucoup d'enfants, à toutes les époques, sont un jour revenus dépités parce qu'un enseignant avait pénalisé de quelques points l'absence de rigueur dans la présentation des résultats mais il ne semble pas que nous soyons dans ce cas de figure. Pauline avait une écriture fine, lisible, et le savait. « Pour la même petite faute, mon amie et moi perdions 10 points là où d'autres en perdaient 2. » Le mauvais souvenir ne s'est pas estompé. « J'avais une angoisse terrible avant d'aller à ses cours, des maux de ventre, je pleurais ; une fois j'ai vomi lors d'une évaluation, je l'ai ratée et j'ai eu 8 sur 20. »

Un 8 sur 20 d'autant plus indigeste que Pauline, excellente élève depuis le début de sa scolarité, n'était pas habituée à supporter la pression d'une mauvaise note. « On nous tient des discours complètement contradictoires ! s'insurge-t-elle. On nous dit : "Pas d'esprit de compétition !" alors qu'on nous donne accès aux comparaisons sur l'ENT[1] avec les moyennes de classe, les plus hautes, les plus basses. On voit bien que le but est d'être le meilleur ! C'est n'importe quoi ! »

Si elle reconnaît que la peur des évaluations est aussi le produit de la société, de la pression qu'elle se met elle-même en fille de professeur désirant faire plaisir à ses parents, Pauline défend son cas comme une cause : « On ne met pas assez en valeur le fait que cela arrive de n'être pas bien du tout avec un prof. Tout le monde pense que ce n'est rien, qu'on passe à autre chose dès qu'on ne l'a plus, mais c'est faux : les enfants qui ont connu ce genre de problèmes peuvent se sentir mal ensuite durant toute leur scolarité, même avec des profs très gentils qui ne comprendront pas pourquoi on ne participe pas en classe, pourquoi on a l'air d'avoir peur comme si un chien pouvait bondir ! » Dans sa lancée, elle conclut sur ce qui lui semble essentiel dans la vie des adolescents : « À 12 ans on vit des choses, on a le divorce des parents, on a tout qui change. Alors un prof méchant peut être marquant pour longtemps. Même s'il y en a eu cinquante gentils autour, avant et après. »

1. Espace numérique de travail, mis à la disposition des élèves et de toute la communauté éducative.

Alors Pauline a laissé tomber son petit carnet. Dégoûtée des sciences parce que tout cela ne l'intéresse plus. Elle ne fera pas médecine, c'est décidé.

En une année, elle s'est entièrement reconstruite.

Désormais, elle le sait : elle sera directrice d'hôtel. Des amis croisés en Bretagne avec son père font ce métier et ont l'air épanoui. La solution s'est imposée à elle non comme un renoncement, mais comme une guérison. Un choix parfaitement positif qui a rallumé l'étincelle. Plus convaincue que Pauline, dorénavant, il n'y a pas.

Mais quelque chose ne va pas : tout ce qui se dit sur les filières professionnelles ou les filières techniques à la fin du collège. Dans sa famille, durant les longues soirées d'été à Bormes-les-Mimosas, on n'en parle jamais en bien. Ou alors pour les autres. « Il faut arrêter de penser que ce ne sont que des filières par défaut, s'insurge l'adolescente. Car c'est le bonheur d'apprendre un vrai métier dans de bonnes conditions ! Il ne faut donc pas priver les bons élèves de ces filières, ni priver ces filières des meilleurs collégiens. Et il faudrait que tous les lycées professionnels soient magnifiques, comme celui-ci ! »

Pourquoi la notion de réussite n'évolue-t-elle pas ? « Pour les bons élèves, ce n'est pas évident de faire abstraction du regard de la société. Il faut donc avoir quelqu'un dont vous êtes proche, qui vous veut du bien, qui croit en vous, qui autorise ce choix. »

Il a manqué à Pauline la voix de sa grand-mère.

« Elle est partie dans un Ehpad. Je n'ai pas pu lui dire au revoir. »

À 12 ans, on vit des choses.

Mathis, les fleurs et le mal

« Je suis revenu à l'école, je l'ai fait pour ma mère. »

Mathis, 17 ans, Lille.

Son grand-père paternel est décédé avant sa naissance, sa grand-mère aussi, morte du cancer du fumeur, non parce qu'elle fumait, mais à cause de la fumée de son mari. Alors Mathis ne connaît pas bien ses origines guadeloupéennes.

Sa mère, elle, est d'origine polonaise. Piotr, son arrière-grand-père, possédait un grand jardin et une vaste maison (c'est le parc qui intéresse surtout Mathis !), un corps de ferme qu'il avait lui-même rénové après la Seconde Guerre mondiale à son arrivée en France dans la ville de Carvin. Piotr s'était battu sur le front polonais et a reçu une médaille – Mathis se souvient d'une journée passée avec des vétérans. Trois générations ont vécu là. Avec sa grand-mère, Mathis parlait fleurs.

À la mort de Piotr, Mathis se souvient que tout a chaviré et que des membres de la famille se sont « méchamment comportés ».

Il raconte si bien son paradis perdu qu'il donne l'impression d'y penser chaque jour.

« Quand la grande maison a été vendue, on a dû aller dans un appartement. Ma famille a chassé ma grand-mère, alors ma mère et moi, on l'a prise chez nous. Mais elle a eu des problèmes de santé, d'abord un angiome, ensuite un accident vasculaire cérébral, puis la maladie d'Alzheimer. Ça lui a donné des crises très fortes et il a fallu l'hospitaliser, dans un hôpital psychiatrique et après dans un Ehpad. L'acte de vente de la maison de mon grand-père, c'était à la fin de ma grande section de maternelle. Puis, je suis entré en CE1, et j'ai dit à ma mère que je serais fleuriste. Je me sentais proche d'elle, j'avais un balcon qu'on fleurissait tous les deux avec de jolies petites fleurs. »

Commence à ce moment une triste histoire entre Mathis et son école. Une histoire de racisme dans son petit village du Nord, à laquelle s'ajoute un problème de dyslexie.

Enfant effacé, il s'ennuyait un peu en classe mais cette difficulté d'apprentissage n'avait pas été diagnostiquée. En CE2, son institutrice ne supportait pas ses fautes. Pire, elle semblait ne pas le supporter du tout. Un jour, Mathis a entendu : « Ça ne doit pas voler haut dans ton pays ! » Il poursuit : « Alors mon père est venu faire un esclandre dans l'école. » La direction a minimisé les paroles de l'institutrice. Même si, sur le moment, elle s'est sentie obligée de se calmer, en fin de compte, elle était quand même tout le temps sur son dos. Elle le punissait, lui faisait copier des mots, le privait de récréation, arrachait sa feuille quand elle récupérait des copies. « Je comprends mieux pourquoi ton père est noir ! » a-t-elle même dit un jour.

Moi, depuis le début de la matinée, je constate que Mathis s'exprime bien, calmement, sereinement. Et je pense qu'il a dû en passer, des heures, à essayer d'avoir le droit d'être là. Je lui demande s'il en est conscient. Il l'est. À la maison, sa mère lui a fait regarder des documentaires pendant toute son enfance. Aussi Mathis est-il un garçon cultivé.

Petit à petit, l'école est devenue une phobie. Déprimé, il a dû la manquer d'abord trois mois, puis deux trimestres.

Seule l'idée de devenir fleuriste le faisait tenir.

« Mais il faut attendre tant d'années, disait-il à sa mère. J'aimerais claquer des doigts pour qu'elles filent d'un coup ! »

Il lui était même devenu impossible de passer par la rue de l'école. Sa mère, constatant que son état s'aggravait, est allée rencontrer l'institutrice. Ce qui n'a fait qu'empirer les choses.

Mathis, alors, a complètement décroché.

À la maison, sa maman essayait de trouver des activités basées sur ce qu'il avait appris en classe pour compenser l'absence de cours, mais même avec elle, tout ce qui rappelait l'école provoquait chez lui un rejet.

Sur ce, les parents sont convoqués avec leur fils par des responsables de l'Éducation nationale. Pendant la réunion, une dame prend Mathis à part et met en lumière un diagnostic : dyslexie, dysorthographie, dépression.

Mathis comprend qu'il doit retourner en cours sous peine d'être passible d'un « abandon de scolarité », et donc de sanctions. Il a peur pour sa famille, pense que des huissiers vont venir saisir les meubles de sa maison et les garderont tant qu'il ne retournera pas à l'école.

Il accepte de passer un accord avec la « dame de l'inspection », si gentille : elle lui propose de l'accompagner toute une journée et promet d'intervenir si la professeure dérape, puis ce sera une demi-journée, etc.

Mathis reprend l'école.

« J'y suis revenu pour ma mère, me dit-il. Mais il ajoute : Aujourd'hui encore, je stresse pour tout. Tout à l'heure, je suis convoqué chez le CPE car je suis délégué de classe ; la nuit, je n'ai pas dormi, j'ai eu peur d'être réprimandé. »

Tous les enfants, sans exception, ayant vécu des traumatismes à l'école insistent sur ce point : même quand leur univers change, ils restent longtemps dans la salle de classe où ils ont souffert.

Et Mathis de compléter la liste des fautes de la femme qui a abîmé son enfance : « J'avais des lunettes parce que j'étais daltonien. Quand c'était écrit en rouge, je ne voyais pas que c'était en rouge, ou je prenais du temps pour lire. Du coup, elle me disait : "Arrête d'être lent ! À part être lent, qu'est-ce que tu sais faire ?" Ce souvenir, je l'avais mis dans une boîte pour plus tard. Je m'étais dit : "Plus tard, tu rouvriras la boîte." »

Nous changeons de sujet. Mathis va me présenter les réalisations d'art floral sur lesquelles il a travaillé avec sa classe, lui qui est aujourd'hui en seconde spécialisée fleuristerie au Lycée hôtelier international de Lille. « C'est ma vocation, et aussi mon nom » (son nom de famille est celui d'une fleur).

Et l'avenir, Mathis ? « Ouvrir un magasin de fleurs. »

Où ? « Je ne sais pas, mais je veux le faire. Ici je suis heureux, parce qu'il y a une écoute quand ça ne va pas. Pour moi, c'est important, car je suis hypersensible. »

Comme chacun des jeunes que je rencontre, je l'interroge sur ses goûts littéraires : « Je lis depuis le CM1 et le CM2. En ce moment, c'est un livre qui s'appelle *Les Fleurs du mal* de Charles Baudelaire. »

Je demande si le mot « fleur » du titre a compté dans son envie. Il l'a trouvé intéressant, voit un bon compromis entre les deux, les fleurs et le mal.

« C'est un beau titre », dit Mathis.

2

À Paris
Tension générale

Comme ailleurs en France, à Paris les tout-petits ne sont pas tous sur la même ligne de départ lors de l'entrée à l'école. Mais plus qu'ailleurs, le plus riche et le plus pauvre se côtoient et les inégalités et la ségrégation scolaires s'amplifient année après année. Les belles écoles et les beaux collèges sont plus concentrés dans le centre et dans l'ouest de la capitale. Pour les pouvoirs publics, le sujet des affectations au lycée se mêle aux questions sociales et démographiques, et prend une dimension particulière. Depuis plusieurs années, émerge la volonté de libérer des places dans les lycées des quartiers les plus privilégiés en faveur d'élèves venant de quartiers moins favorisés. Une recherche de mixité qui génère une tension chez ceux qui fréquentent les établissements du centre et de l'ouest de Paris. Et aboutit à une pression considérable sur les notes, seul critère sur lequel les adolescents peuvent agir pour essayer d'obtenir leur « premier vœu » dans la procédure d'orientation Affelnet (affectation des élèves par le Net), tout en étant conscients que les notes ne suffiront pas. Les élèves en souffrent, les professeurs aussi, qui font face à la fois aux inquiétudes des enfants et à celles de leurs parents.

Affelnet est un avant-goût de ce que sera Parcoursup, quelques années plus tard, dans la vie de l'élève et lorsqu'il entrera dans l'enseignement supérieur. Le fait que la procédure soit uniquement informatisée est pour tous une source d'inquiétude, d'autant que les familles perçoivent comme peu transparents les critères d'affectation.

L'objectif du « bon lycée », passage incontournable à l'intégration de la « bonne prépa », ne date pas d'aujourd'hui et constitue un tropisme véritablement parisien, qui sidère parfois les parents ayant vécu dans des capitales étrangères.

Ainsi, chez les 12 000 collégiens de Paris en classe de troisième, l'inquiétude monte au fil des mois. Les résultats de l'affectation étant remis à la fin des épreuves du brevet, c'est un jour craint tout au long du printemps. Aussi, de manière assez logique, comme nous le verrons dans la deuxième partie de ce livre, c'est dans la capitale que l'on constate les plus forts taux d'anxiété du pays : 37 % des jeunes de 11 à 15 ans semblent y souffrir d'un trouble d'anxiété généralisée.

Noémie n'a pas le temps d'être présidente

« La pression vient des profs, des parents, et de l'actualité. »

Noémie, 15 ans, Paris.

J'ai rencontré Noémie un vendredi, chez sa grand-mère, une gentille grand-mère, une de celles dont la cuisine laisse échapper une odeur de crêpes.

L'adolescente m'apparaît dans des couleurs passées de rose et de gris, en jogging, vêtement sobre et simple. Fille sincère qui ne perd pas de temps et sait ce qu'elle veut, Noémie est cohérente et efficace, fait preuve de sobriété dans son discours et son style. Le lendemain de notre entrevue sera le jour de son anniversaire, elle aura 16 ans.

Aujourd'hui, après deux heures d'activité sportive, et de maths, une heure de cantine où il faut supporter le bruit, il lui restera encore à caser notre discussion, un travail de groupe pour un exposé, puis une activité facultative et humanitaire autour du thème de la mer.

La veille, Noémie s'est couchée tard. Il y avait une sortie au théâtre avec le professeur de français. Sa mère m'avait prévenue : elle allait être fatiguée. D'autant que le matin même, à huit heures, dans ce Paris de décembre où pour une fois règnent les températures réfrigérantes de saison, elle a eu piscine. « Oui, je suis un peu fatiguée », me dit d'emblée Noémie, même si je remarque qu'elle n'a pas pris l'ascenseur pour gagner le cinquième étage. « J'essaie de ne jamais le prendre, me dit-elle, cela va avec le fait d'être végétarienne, de me tenir à mes principes. »

Je lui propose donc un entretien court. Noémie a déjà eu suffisamment de « pression » dans sa matinée. Mais à peine ai-je prononcé ce mot que son regard devient perçant. Tout à coup, plus de fatigue, plus de trace de la séance de piscine. Parler de pression, quand cela ne vous abat pas, vous porte. Il y a tant à dire ! Ainsi, nous échangeons deux heures d'affilée. Quand elle me quittera, il n'y aura plus de temps pour les crêpes. Que l'on donne sa part à son frère.

La pression, donc ? Élève d'un excellent lycée parisien, Noémie la vit comme un problème quotidien et développe un art pour lutter contre.

« La pression vient des profs, des parents, et de l'actualité ! » commence-t-elle. Mais il y a des exceptions : « Dans mon cas, je n'en ai aucune de mes parents, je n'en ai jamais eu. Ils savent bien que je m'en mets trop toute seule. » Ses professeurs, qui ont une importance énorme dans sa façon de vivre le lycée, semblent y participer.

« Dans une même matière, avec un mauvais prof, j'ai 11, et si le prof change l'année d'après, j'ai 20. » Le professeur « mauvais », c'est celui qui décourage. Et nous voilà, entamant la liste des « petites phrases dénigrantes » prononcées en cours, qu'elle trouve insupportables, des phrases qui ont des conséquences sur le moral de toute la classe et le sien en particulier. Elle raconte les heures d'ennui aussi : « Par exemple ce matin, j'ai eu maths, j'en ai six cours par semaine : pour moi c'est six heures d'ennui, d'angoisse et d'incompréhension. »

Je suis pourtant face à une élève qui a toujours été excellente dans cette discipline, et dont l'objectif est d'entrer à l'École polytechnique. Elle sait qu'il s'agit de sa voie. Noémie a d'ailleurs déjà coché cette case, sur le formulaire en ligne, pour les options à choisir en vue de la terminale : les maths et la physique.

La pression, c'est aussi devoir s'orienter si jeune. En seconde, la professeure d'allemand leur avait dit, pensant bien faire, qu'il ne fallait pas viser uniquement les filières d'excellence, et réfléchir à leurs choix. Elle leur avait conseillé aussi de penser aux « prépas » qu'ils convoitaient. « Y penser, sinon on n'aura rien », avait-elle déclaré. Cette petite phrase revient et revient encore, et Noémie, en étudiante disciplinée, consacre des heures à analyser les sites Internet des prépas pour ne pas « avoir rien ».

Comme Pauline, cette adolescente relève une contradiction qui sème l'inquiétude : d'une part, l'institution scolaire incite les élèves à ne pas se focaliser sur l'excellence, d'autre part, et parfois dans la même journée, elle leur renvoie l'idée que le risque de « ne rien avoir » leur pend au nez. Dans un contexte où le collège avait déjà exposé chacun à l'angoisse des vœux et des affectations.

Noémie est une enfant de la première année de la réforme de 2021 des orientations d'Affelnet. En juin, jour des résultats, il y avait seulement deux élèves satisfaits dans la classe. Tous ses amis, eux, étaient en pleurs, même les plus méritants : Emma, avec 18 de moyenne, était par exemple affectée en dépit du bon sens. Ses deux meilleurs copains, tout aussi excellents, n'avaient même pas d'affectation. « Affelnet, ça vaccine ! » dit Noémie. Qui réfléchit souvent au sens de ses choix. Et s'est posé les bonnes questions, répondant à chacune.

Pourquoi Polytechnique ? Parce qu'elle aime les sciences et que « ça ouvre des portes ». Seulement pour les portes ? « Non, il y a aussi la gloire », reconnaît-elle en souriant, et puis les programmes, le sport, l'encadrement militaire. Tout cela lui plaît. Mais elle mesure l'effort qu'il va falloir fournir, la nécessité de dépasser les difficultés, comme la possibilité d'avoir un professeur décourageant dans une matière centrale. Reste que l'effort en vaut la peine car les portes qui s'ouvriront seront celles qui donneront du sens à son travail. « Avoir des compétences qui permettent d'agir », voilà sa véritable motivation.

Agir, c'est ce qu'inspire l'actualité à Noémie. À l'évidence, elle l'affronte avec angoisse.

La première des causes qui la motive, c'est la lutte contre le réchauffement climatique. Elle a aussi des idées pour les jeunes de son âge, et même pour revaloriser le métier de professeur.

« À notre niveau on peut tous agir dans la vie quotidienne pour le climat, mais pour avoir un impact, il faut le pouvoir. Si on voit les gens de maintenant [elle veut dire ceux qui sont au pouvoir], on est encore plus angoissés. »

Pour autant, elle n'a guère confiance en sa génération. Sur bien des sujets, elle la juge assez réactionnaire. « On dit toujours qu'on peut compter sur notre génération pour sauver le climat, mais je n'y crois pas. » Elle se souvient aussi, en classe de troisième, d'un débat consacré à l'avortement, avec un garçon qui était contre. Noémie n'est pas la seule jeune à me rapporter ce genre de déception. Dans un autre collège de Paris, une élève de quatrième me dira que la moitié de sa classe n'était pas complètement « au clair sur la peine de mort », ce qui l'incitera à conclure, de la même façon, qu'il ne faut pas forcément compter sur les personnes de son âge pour sauver le monde.

Quoi qu'il en soit, Noémie pense sa génération capable de faire de meilleurs choix que la précédente, dont le cynisme l'inquiète : « C'est au plus haut niveau que les décisions se prennent pour le climat. Dans mon groupe d'amis, nous savons très bien ce qu'il faudrait faire pour sauver la planète. Comme effectuer une vraie promotion des vélos et du train à la place des voitures et de l'avion ; investir, par exemple, l'argent des JO dans la transition écologique ; végétaliser les villes ; limiter le pouvoir des Gafam et du streaming… Mais rien ne se décide. Et le temps qu'on devienne président de la République, la dégradation sera devenue irréversible. »

Mais si elle se trompait ? Si on arrivait à remplacer « les gens de maintenant », que proposerait-elle ? « Si je suis présidente ? » rebondit Noémie le plus naturellement du monde. Oui, si elle dirigeait le pays avec des personnes qui partagent ses idées ? « Alors ça irait, on y arriverait ! » dit-elle, tout d'un coup optimiste.

Elle prendrait des mesures drastiques pour préserver les ressources naturelles. À commencer par la fermeture de certaines boutiques en ligne qui sont des désastres écologiques.

Ainsi, c'est pour pouvoir véritablement agir que Noémie souhaite rejoindre l'École polytechnique. Une motivation qui, selon elle, n'exprime pas tant de la générosité que de l'angoisse. « Je veux vivre, j'aime la vie, je suis égoïste, c'est pour moi que je veux me battre, je ne veux pas vivre en portant des masques ! » confie-t-elle enfin.

À écouter Noémie, à voir sa joie naturelle, je comprends qu'elle soit entourée d'amies qu'elle adore et avec qui elle rit. Mais aussi qu'elle se sente suffisamment forte pour réussir ce qu'elle entreprend. Reste cependant en elle un fond de pessimisme, caché. À la question : « Es-tu davantage pessimiste que tes amis ? », elle rétorque sans hésiter : « Nous sommes tous pessimistes. »

Un pessimisme qui l'installe dans un équilibre fragile. Elle doit travailler pour agir, rester constante dans ses choix, mais ne jamais écouter les actualités trop longtemps. S'imprégner des nouvelles, c'est risquer de renoncer. L'engagement, dans ce monde anxiogène, constitue sa planche de salut. Travailler, réussir, permet à Noémie de tenir un cap et de prendre du recul.

Alors, lorsque l'on parle de grandir, elle ne se dit pas pressée : « Je suis bien au lycée, malgré quelques points négatifs. Avec tout ce que j'ai comme soutien, les parents derrière, ne pas avoir à m'assumer… si je pouvais prolonger… »

Mais elle a le souci des générations futures : « Si je ne veux pas d'enfant, c'est pour autre chose, pour mon indépendance. Mais je veux que ceux qui en veulent en aient qui, ensuite, puissent vivre et aimer la vie. »

Le rêve d'Anouck

> « Le jour des affectations au lycée, la moitié de la classe était en pleurs. »
>
> Anouck, 15 ans, Paris.

C'était il y a deux ans, Anouck se trouvait en classe de troisième, dans un beau collège du centre de Paris où elle était très heureuse.

Le jour du choix des établissements pour l'entrée au lycée, elle en avait soigneusement sélectionné dix, classés par ordre de préférence, conformément à la procédure Affelnet.

En pratique, cela signifiait qu'un algorithme lui en attribuerait un selon différents critères dont elle ne comprenait pas les subtilités – et sur lesquels elle n'avait pas de prise – sauf un, les notes. Alors, il avait fallu s'accrocher.

Tout au long de l'année, Anouck s'était dit que chaque interrogation, chaque jour comptait. Avant la troisième, on pouvait avoir un moment de fatigue, un rhume un peu embêtant, oublier de faire un exercice pour ne pas manquer une discussion à la maison, un film en famille, une sortie avec ses copines. Mais durant cette troisième, rien ne devait être laissé au hasard, il fallait viser l'excellence ; si elle obtenait 18 de moyenne, rien ne lui serait refusé.

Le rêve d'Anouck était d'être acceptée dans son lycée de quartier, celui en bas de chez elle, contigu au collège qu'elle fréquentait. Elle y avait des amis et des professeurs qu'elle adorait, elle pourrait y suivre des ateliers en option, comme celui de théâtre. À première vue, il ne s'agissait ni d'un caprice, ni d'une ambition démesurée. Mais, élève avertie, fille de professeur, elle n'ignorait sûrement pas que rien n'était gagné d'avance. C'est pourquoi son classement avait été réfléchi.

D'une voix tremblotante, Anouck en vient à évoquer l'enchaînement des jours qui a abouti à celui dont elle me dit, tristement, qu'elle se souviendra toute sa vie.

« J'avais fait beaucoup d'efforts toute l'année car je savais qu'il y avait un enjeu pour mon affectation au lycée. J'avais réussi à avoir plus de 18 de moyenne. J'étais fière de moi. Mes professeurs étaient sereins pour moi. Tout devait donc bien se passer. »

Mais lorsque tombèrent les résultats, Anouck fut en pleurs.

« Je me souviendrai à jamais de ce moment. On était dans une salle avec la professeure principale, elle tenait dans sa main les dossiers avec nos affectations. Pour chacun de nous, il y avait une feuille avec une liste d'établissements sur la gauche, et sur la droite, les mentions *acceptation* ou *refus*. Mes deux amies avaient obtenu leur premier choix. Ce qui m'encourageait car si ça allait pour elles, ça devait aller pour moi. La professeure me tend ma feuille. Alors je lis, à droite, en face de mon premier vœu, *refus*, et sur chaque ligne en dessous, *refus*, *refus*, *refus*. Je lis ça neuf fois. »

Anouck ne décroche que son dixième choix.

Être refusée à son premier vœu, elle l'aurait mal pris sur le moment, mais, en dépit de son attachement à l'établissement, cela n'aurait pas été dramatique. Après tout, les villes en tension doivent répartir des élèves. Mais le dixième vœu !

En l'écoutant, je me représente le fameux algorithme œuvrant comme un gong qui sonne le glas devant des noms d'élèves. La logique se comprend, mais comment éviter de telles cacophonies ?

Naturellement, sa mère s'est battue pour elle. Elle a passé tout l'été à rédiger des lettres, a même fait appel à un médiateur. Et me dit pouvoir tout comprendre sauf une chose : le silence. « Au rectorat, personne n'a jamais répondu, je n'ai même pas reçu un accusé de réception », s'offusque-t-elle.

Le téléphone de l'institution a été également sourd pour Paul et Adrien, les amis de Noémie. Ces deux garçons ont passé leurs vacances sans la moindre affectation alors qu'ils avaient eu aussi d'excellentes notes, et que toute l'année, comme Anouck, ils avaient tout donné. Voir les jours s'écouler sans savoir où l'on va étudier peut générer des crises d'angoisse. De même que la moitié d'une classe qui pleure. Ces incertitudes sonnent le début d'une crise d'anxiété contagieuse.

Anouck essaie alors d'imaginer à quoi ressemblera sa vie au lycée où elle est affectée. Un établissement qui ne comporte aucune des options théâtre et cinéma auxquelles elle tenait absolument. Le lycée a mauvaise réputation et une amie d'amie a parlé de « professeurs horribles ».

La mère d'Anouck, elle-même professeure dans un collège parisien, ne se démonte en rien et demande à sa fille de ne surtout pas se décourager : « Non, cela n'a pas "aucun sens" de travailler pour réaliser ses projets », la rassure-t-elle !

Mais ce fut peine perdue et Anouck dut rejoindre l'affectation imposée.

« Le bâtiment avait l'air d'un petit hôpital », me raconte-t-elle.

Je pense alors au proviseur du Lycée international de Lille, dans son bâtiment magnifique, qui, avec un large sourire, me disait fièrement : « Il faudrait que tous les lycées de France soient aussi beaux que celui-ci ! »

La jeune fille poursuit son témoignage et se souvient : « Je ne supportais plus d'en parler, j'avais des crises d'angoisse, je n'étais pas encore dans la déprime, mais je m'y installais doucement. J'ai profité des vacances car je pensais que ça s'arrangerait, que j'allais trouver un autre lycée, un de mes premiers choix, mais non, j'ai dû faire ma rentrée là-bas. Avec l'idée de faire appel et de changer en novembre mais, dès le premier jour, je m'y suis sentie mal. Les insultes fusaient, les gens étaient vulgaires. Avant, j'avais toujours quelqu'un à qui parler ; là-bas, rien. Puis j'ai fini par rencontrer une fille gentille, mais bon… on ne se parlait pas.

« Je me suis sentie seule. Seule.

« Dès la première semaine, à chaque cours il y avait trente minutes de discipline. Je passais pour la fille coincée, mal dans sa peau, l'intello qui a un balai dans le cul.

« Puis est arrivé le professeur de maths. Si je suis très littéraire, en troisième j'avais quand même réussi à avoir 15 en maths. Le premier jour, je le découvre sévère et ultra-autoritaire. Les semaines passent, il devient de plus en plus agressif dans sa pédagogie. Il note tout le temps.

Le soir, il donne des exercices sur Padlet[1] et sur différentes plateformes. Avec ses liens numériques, Genially, Mat'Lab, Kwyk, il ne me quittait jamais. Tout était noté tout le temps. Et au moindre oubli on avait des heures de colle ! Une étudiante est venue m'aider à la maison une heure par semaine. Lui, je l'avais tous les jours en cours sauf le vendredi.

« Il m'a traumatisée.

« Il tirait au sort pour nous questionner, humiliait ceux qui ne savaient pas répondre. Si on commettait une erreur, il faisait réciter des tables de multiplication devant tout le monde, debout. Il nous appelait tous "Johnny". "Alors Johnny, t'as pas honte ?" lançait-il, ou bien : "J'aimerais pas être à ta place !" Une fois, il a traîné physiquement une fille qui ne voulait pas venir au tableau, en disant : "C'est une obligation, pas une invitation !"

« Quand il communiquait les salles sur Classroom, il changeait souvent au dernier moment, ce qui nous forçait à courir pour ne pas être à la bourre. Un jour, toute la classe a eu du retard, eh bien il l'a mentionné dans notre dossier scolaire. Ce qui est un problème quand on veut obtenir une affectation dans un

1. Padlet, Genially, Mat'Lab, et Kwyk ainsi que Classroom sont des plateformes numériques qui permettent la communication entre les élèves et les professeurs, notamment pour la remise de devoirs.

autre établissement. Un retard, ça pénalise ! Alors on (enfin, ma mère) a envoyé un mail à la CPE, et ils ont fini par enlever la mention "retard" dans les dossiers.

« Mais ça ne lui a pas plu, au prof.

Peu après, il me demande de rester à la fin du cours. J'entends : "Anouck doit rester dans la salle !" Lorsque nous sommes seuls, il me dit : "Votre mère est angoissée, elle pose beaucoup de questions. Il faut qu'elle fasse attention, ça pourrait mal se passer, il pourrait y avoir des répercussions... c'est humain..." »

À ce stade du récit, je me demande comment un professeur peut s'autoriser à intimider un élève de la sorte. Et, s'il était différent à ses débuts, ce qui a pu lui arriver pour qu'il devienne si dur. Comment, aussi, le système le laisse agir. Selon Anouck, sans le soutien de ses parents, sans sa mère professeure capable de tenir tête calmement à un collègue, elle n'aurait pas tenu. Mais de quelle manière font les élèves qui ne bénéficient pas d'un tel support familial ? Anouck se pose elle-même la question.

La période de perte de confiance, en elle comme dans le système, fut trop longue aux yeux de l'adolescente. Heureusement, elle a été acceptée dans le cours de théâtre de son ancien collège, qui était aussi un lycée. Un rayon de soleil qui a fait office de sas de décompression : « Rien qu'entrer dans ce lycée me rendait heureuse. Revoir ma prof de théâtre était un bonheur. Mais j'ai pleuré tous les soirs pendant deux mois. Mes copines étaient très satisfaites de leur affectation. Moi, je n'étais pas jalouse, mais contente pour elles. Certaines se retrouvaient dans de grands établissements élitistes qui mettaient une forte pression scolaire, mais aucune ne supportait des souffrances comme celles que je devais endurer, dans un climat d'agressivité que je ne supportais pas.

« Mes années collège me manquaient. »

En évoquant ce long épisode, Anouck ne se sent toujours pas bien. Elle se remémore encore : « Avec l'équipe de théâtre et mes profs, on a tout fait pour essayer de me rapatrier en cours de route dans ce lycée. Je remplissais tous les critères, j'étais très investie, mais la direction était “à la chaise près” et je n'ai jamais pu y entrer. On a essayé aussi de faire marcher les critères de choix de spécialité, mais ça n'a pas fonctionné non plus. »

Je demande à Anouck si elle a pu parler à un médecin. « Oui, un psy, mais cela ne m'a pas aidée. Ça a coûté de l'argent à ma mère qui, elle-même, a de la pression dans son travail. »

Anouck a pu changer d'établissement à la rentrée suivante, pour la première. Le lycée se trouve à quarante-cinq minutes de chez elle alors que, paradoxalement, dans celui du bas de sa rue viennent des élèves habitant loin et qui ne l'ont pas choisi.

Mais au moins est-ce un lycée dans lequel les élèves ne s'insultent pas et où il n'y a aucun « vicieux parmi les profs ». Elle y a même rencontré un copain. Il est en terminale. Il a d'autres problèmes, cela dit. Il ne supporte pas la pression de ses parents. Par exemple, il n'a pas le droit d'aller à un anniversaire en cas de note au-dessous de la moyenne. Du coup, il a juste envie de tout plaquer, prendre le train pour aller loin.

La note devient une valeur suprême, semble définir le futur de tous. « Votre avenir se joue maintenant. Il vous faut réussir dès aujourd'hui », leur intime la société.

Alors que pour Anouck, ce n'est pas vrai : « Tous les jours on peut se reconvertir, se réinventer. Hélas, on n'est plus que des chiffres. On fait de nous une note, de l'argent. Il faut faire passer le message », ajoute-t-elle, avec malice.

3

Aux Ulis
La diversité dans une ville de moins de cinquante ans

Après Paris, une ville nouvelle. J'arrive aux Ulis un lundi matin, avant l'heure d'ouverture des établissements scolaires. Les portes des bus s'ouvrent, les véhicules se vident, les lycées et les collèges se remplissent.

En prenant un itinéraire tout sauf direct pour atteindre le lycée de l'Essouriau, je me suis demandé pourquoi les rues des Ulis portaient des noms de départements ou de régions français. Dans les villes traditionnelles, les lieux, les quartiers sont nommés selon leur histoire, en hommage à des personnages locaux illustres ou parfois avec des noms liés à la nature. Ici fut une rivière, là un marché aux poissons, là une porte, vestige de fortifications... Mais dans les villes nouvelles, les urbanistes inscrivent des repères sur des plans, constitués de lettres et de numéros, puis des noms censés être plus évocateurs sont adoptés au conseil municipal. Ainsi, ceux des Ulis, ville créée en février 1977, sont « Mayenne », « Picardie », « Provence ». Des intitulés qui me parlent, ont des couleurs. Mais est-ce aussi le cas pour les Ulissiennes et les Ulissiens ?

Je souhaitais rencontrer des adolescents de cette ville nouvelle parce que Les Ulis est une localité particulière par son caractère multiculturel, ses grandes communautés africaines, indienne et portugaise.

Dans le lycée d'enseignement général et technologique, puis les deux collèges de la ville, j'ai été accueillie par l'adjointe à la culture de la mairie. Un sujet sur lequel se focalise la commune, qui comprend 1 482 collégiens et 608 lycéens.

Élise face au monde

« Faire des enfants soi-même, c'est égoïste. »
Élise, 15 ans, Les Ulis.

Comme elle a le mal des transports et une heure de trajet après la classe, lorsque arrivent dix-neuf heures Élise n'est plus en état de travailler.

Cette jeune fille a toujours voulu faire du théâtre, une option qui n'était pas proposée par le lycée de secteur à Palaiseau, près de la ville où elle a grandi. On peut penser à l'histoire d'Anouck et ce difficile 1er juillet, lorsqu'elle a été refusée partout. Or là, c'est différent : nous ne sommes pas au cœur de la tension scolaire parisienne, mais au sud de la ville nouvelle des Ulis. Élise a été acceptée dans son établissement sans problème et ne se souvient d'aucune difficulté. Il lui a suffi d'exprimer un seul vœu pour se trouver au lycée de l'Essouriau, qui offre les cours dont elle rêvait et où elle peut penser à son avenir dans le théâtre, le cinéma, la réalisation, la mise en scène, ou comme actrice : tout est ouvert pour cette jeune fille qui vient à peine d'avoir 15 ans.

Élise, qui ne changerait d'établissement pour rien au monde, se décrit néanmoins comme étant épuisée. Les trajets, les devoirs, la charge de travail trop lourde, les contrôles à préparer en grand nombre, les notes que l'on attend, inquiétantes, et ses yeux clairs qui peinent à s'ouvrir en cette heure matinale résument sa difficulté : « Le lycée prend trop de place dans ma vie. »

Sinon, tout irait bien, précise-t-elle.

Le matin, elle stresse quand elle n'a pas bien préparé ses contrôles. Et elle est loin d'être la seule. « Franchement, pour mes copains, c'est pire », dit-elle à voix basse, en ce matin de janvier glacial. Il est tôt, le bleu marine de la nuit domine encore la lueur du jour, dans la grande salle du CDI où nous sommes installées. La pièce est vide, silencieuse et de toute évidence conçue avec la meilleure volonté du monde pour le bien-être des élèves. En arrivant à l'Essouriau, j'ai noté la récente rénovation, qui s'est fait attendre, à en croire la personne qui m'a accueillie en préparant un café bien chaud. De fait, concevoir avec bon sens l'aménagement d'un bâtiment scolaire est plus important qu'on ne le croit.

Commence alors le récit d'Élise. Elle s'entend bien avec sa famille, elle a des amies filles, des amis garçons, elle ne s'ennuie pas avec eux, elle ne rencontre plus aucun des problèmes qu'elle avait au collège. Ses camarades de troisième sont à présent partis en vallée de Chevreuse, dans le lycée de secteur, mais elle les retrouve le mercredi et le week-end. Élise aime partager des pizzas avec eux et apprécie l'environnement de son propre établissement. Elle a donc tout d'une jeune fille saine de corps et d'esprit qui pourrait vivre pleinement sa vie d'adolescente. Mais, elle est fatiguée. Et c'est sérieux. Fatiguée par l'école, par les « rythmes » comme disent les associations de parents d'élèves et les nombreux rapports de l'Éducation nationale. Autour de leur pizza, elle et ses amis, même ceux qui n'ont pas beaucoup de temps de transport pour se rendre en cours, ne parlent « que de ça ». Ne pas avoir envie de travailler, se sentir à bout de forces, trouver qu'il est difficile de se concentrer, avoir des notes qui se dégradent ou qui vont se dégrader, tout est sujet à anxiété. Et encore, Élise a des parents compréhensifs qui ne cherchent pas les résultats à tout prix et n'est pas privée de sortie si elle a moins de 15, comme l'amie d'Olivia.

Nous cherchons toutes les deux à comprendre l'origine de cette charge, non comme le font les psychologues, mais en analysant simplement son emploi du temps. Non, il n'y a rien à aménager, tout est parfaitement organisé.

Alors, il faut s'adapter. Élise me raconte ce qu'elle a inventé pour faire face à la baisse de motivation face aux devoirs. Par exemple, certains jours, elle regarde des « vidéos marrantes » sur Youtube, mais le plus souvent, quand elle n'arrive pas à se concentrer, elle compte sur son « amie » la musique et applique une recette toute personnelle : passer en boucle la même chanson. Hier, c'était *The Scientist* de Coldplay, écoutée deux heures durant pour travailler les maths. Une méthode qu'elle applique à toutes les matières, sauf pour apprendre par cœur les textes de théâtre. En enregistrant ce tube il y a vingt ans, Cris Martin, Jonny Buckland, Guy Berryman, Will Champion et Phil Harvey n'imaginaient pas qu'il deviendrait un précieux support éducatif. Élise s'imprègne de la douce voix qui parle d'amour, énonce que personne n'a jamais dit que ça serait facile ou aussi difficile, qu'il faut recommencer à zéro… Sur ces paroles, elle parvient à se vider la tête et à travailler.

Ne plus penser à un « autre chose », ponctue Élise.

Avant le lycée déjà, l'adolescente a toujours compté sur des musiques et des chansons pour tenir. Les films, les livres, les séries doivent être « prenants ». Elle me raconte ceux de ses années collège, dont le monde infesté de morts-vivants de *The Walking Dead* dans lequel Rick Grimes se réveille après un long coma, recherche sa femme et son fils dans une ère anxiogène, affronte la terrible épidémie… Un apprentissage de la survie qu'elle a aimé découvrir.

Je me demande comment Élise a pu tenir onze épisodes, alors que moi, je mets fin au bout de dix minutes à ces images terribles, et que même l'acteur culte Andrew Lincoln a un moment quitté la série, officiellement pour se rapprocher de sa famille mais peut-être aussi pour s'extirper de ce monde d'horreurs.

Élise dresse la liste des fictions « dystopiques » qu'elle a vues – je découvre le mot que tous les adolescents connaissent. « J'ai passé mon collège entier avec ces films », précise-t-elle, maintenant complètement réveillée. Souriante, elle poursuit : « *Le Labyrinthe*, c'est dans le futur, on voit le monde en train de se détruire. » Dans *Hunger Games*, elle aime la capacité de survie des jeunes ; elle supporte les images violentes de jeunes citoyens qui participent à un jeu de télé-réalité les obligeant à s'entretuer parce qu'elle connaît la fin : la rébellion d'une adolescente, Katniss, à laquelle on peut s'identifier.

Elle aime aussi *Divergente*, série dont elle a lu les livres, vu la trilogie « de nombreuses fois ».

Aujourd'hui, elle est plongée dans le huitième tome des *Gardiens des cités perdues*. « Ce qui est bien, c'est que c'est un univers qui ressemble au nôtre mais pas trop. Les personnages sont des Elfes proches de nous mais différents de nous. » Élise apprécie, dans ce roman qui passionne des millions d'adolescents, « une façon de voir le monde avec tout ce qui nous fait peur, mais avec des Elfes, et de la couleur ».

Nous parlons du monde. Je lui demande quels sujets d'actualité elle suit, et comment elle les suit. Élise n'est pas atteinte par l'addiction aux réseaux sociaux. Comme Anouck, elle regarde la télévision avec ses parents. Ce qui me fait penser à mon ami T., professeur d'histoire, qui m'a dit un jour, alors que nous évoquions la consommation gargantuesque de vidéos d'influenceurs sur les réseaux sociaux : « Quand j'étais jeune professeur, j'avais peur que mes élèves regardent trop la télévision. Maintenant j'espère qu'ils la regardent ! »

À la télé, Élise suit les nouvelles et s'installe devant une émission qui permet d'entendre parler du monde avec un certain décalage (comme dans les séries qu'elle aime). En l'occurrence, l'humour. La famille est fidèle à *Quotidien* (de Yann Barthès) sur TMC, ce qui est à souligner puisque les adolescents ne sont pas la cible première de ce programme au public dont la moyenne d'âge est de 43 ans !

« J'essaie de suivre, me dit Élise. J'aime bien qu'il y ait de l'info et de l'humour, car c'est le moyen efficace pour éviter de se prendre les mauvaises nouvelles du monde directement dans la figure. »

Le vrai sujet d'inquiétude de l'adolescente, naturellement, c'est le climat. L'été dernier, après avoir économisé pendant deux ans, la famille s'est offert un beau voyage en Croatie, où la température est montée beaucoup trop haut. Ce voyage a été une joie, mais aussi une tristesse car il a été chez elle à l'origine d'une prise de conscience. Après un été où ils n'étaient pas partis et où le thermomètre avait atteint les 40 degrés en pleine vallée de Chevreuse, une réalité s'est imposée : « Ça va être de pire en pire, c'est sûr… »

Élise aborde aussi le sujet des retraites, de la politique. Un intérêt normal puisque le jour de notre rencontre, deux actualités principales occupent médias et conversations : le dossier des retraites va être déposé à l'Assemblée nationale et on parle de grève. Le même jour, le premier secrétaire du PS semble en passe d'être réélu alors que des militants de son parti s'y opposent en affirmant que les élections internes auraient été truquées. « Ils s'opposent… ou ils s'entretuent ? » m'interroge Élise. S'entre-tuent… Comme dans *Hunger Games* ?

Si la faim de pouvoir de quelques hommes ne conduisait à d'éventuels trucages, Élise pourrait s'intéresser à la politique et même s'engager. Mais ce qu'elle en voit ne l'attire guère alors même qu'elle a une opinion sur les retraites, la précarité, et beaucoup d'autres sujets. Mais dans ce domaine aussi le thermomètre monte vite. Comment avoir confiance, comment s'impliquer ?

Non, ce qui l'intéresse pour son avenir, c'est de savoir, dans le monde tel qu'il est, comment sera son quotidien. Si elle pourra avoir un métier, payer son loyer, se faire des amis, comment ira sa famille. Je lui demande si elle parle de sa famille actuelle ou de celle qu'elle pourrait fonder. « Si j'avais des enfants, répond Élise, ce serait plutôt dans l'idée d'en adopter ; on est de plus en plus nombreux sur terre, il y a des gens qui ont besoin d'une famille. Faire des enfants soi-même, c'est égoïste. »

Lucie et Ismaël, l'échappée belle

« Elle voulait se suicider et c'est ce qu'elle aurait fait si je ne l'en avais pas empêchée ! »

Lucie, 13 ans, Les Ulis.

« J'écoute de la musique avec ma mère, elle aime le même rap que moi, mais pas le rap racaille d'ici. »

Ismaël, 14 ans, Les Ulis.

Nous sommes trois, Lucie, 13 ans, Ismaël, 14 ans, et moi, dans une grande salle du collège Mondétour. Sur le mur, des photos. Des camarades de classe, peut-être des amis ?

« J'ai pas de copains. Entre ceux qui me harcèlent et ceux à qui je ne parle pas... » C'est Lucie qui a décidé de parler en premier.

Je suis à peine installée en face d'une élève de cinquième que j'entends déjà le mot « harcèlement ». Avant même d'avoir eu le temps de poser mon manteau sur la chaise d'à côté. Lucie explique : « Ils lancent leur ballon sur moi, ils critiquent mes habits, tous les jours, à chaque récré. J'ai parlé à Mme A., la CPE, elle va les mettre dans une classe harcèlement ou une section harcèlement, j'ai pas bien compris comment ça s'appelle. » Lucie fait certainement allusion à la mise en place du pHARe, un programme de lutte contre le harcèlement, généralisé depuis la rentrée 2021 à tous les établissements et écoles du pays et qui repose sur l'implication d'élèves « ambassadeurs » capables de sensibiliser leurs camarades.

Comme je ne sais pas précisément ce que peut signifier le terme « harcèlement » à cet âge, je confie à Lucie et à Ismaël qu'on m'en parle beaucoup dans les collèges. Je leur demande s'ils pensent que, au sein de leur génération, tout le monde en appréhende le sens et la complexité. « Je connais ce mot depuis le CM1, me dit Lucie. Depuis qu'on me tire les couettes. »

Ismaël est lui aussi informé sur ce sujet, même s'il n'en est pas lui-même victime. Il n'en pense pas moins : à ses yeux, les gens « qui font ça, ne sont pas responsables de leurs actes ». Il déclare savoir comment agir, puisque c'est lui qui a repéré ce qu'il se passait dans la cour pour Lucie, et à c'est à lui qu'elle s'est confiée, dans la salle d'informatique (leur passion commune). C'est à lui encore qu'elle a exprimé ce qu'elle ressentait et qu'elle a avoué que, depuis, elle ne peut pas dormir la nuit. C'est lui enfin qui l'a accompagnée chez la CPE.

Lucie a son explication : « Ils me critiquent sur ma façon d'être, sur le fait que je sais beaucoup de choses. Les bons élèves, ceux qui sont sages, ils aiment pas. » En primaire, cela avait déjà commencé ainsi. Elle voulait écouter en classe mais comme les filles de son groupe n'arrêtaient pas de crier, elle s'était rapprochée du premier rang. Le chahut des autres avait été repéré et elles avaient eu « des croix pour refus de travail ». Aussi, toute l'année, elles s'étaient vengées sur elle. Et, un jour, cela avait fini par cesser.

Mais depuis septembre, tout recommence. Tout comme avant, depuis les premières bonnes notes, les devoirs faits, les cahiers pas oubliés, les bonnes réponses aux questions, le cartable propre, sans goûter qui coule et colle tout ce qui est au fond.

Fière de son 14,32 de moyenne, Lucie m'explique qu'elle regarde ses notes tous les matins sur Pronote. Plus encore depuis que son père lui a dit que si elle avait 15, il l'emmènerait dans un parc d'attractions.

Je suis en face d'une grande rêveuse. À part les notes, ce ne sont pas les choses matérielles qui intéressent cette jeune fille très joyeuse malgré tout, et encore moins le monde réel. Ainsi, elle ignore complètement le métier de ses parents. En riant aux éclats, elle nous confie : « Vous savez, je sais même pas leur prénom ; quand on me demande de remplir les fiches à l'école je dois regarder sur mon téléphone ! »

Ismaël aussi est bon élève. Il aime assez les mathématiques et le français. Son père, chef adjoint de cuisine, peut l'aider pour certains calculs. Sa mère vend des jouets dans une grande enseigne et son travail lui permet une certaine flexibilité. Alors elle est présente aux repas et l'aide à comprendre certaines règles de grammaire.

Les amitiés d'Ismaël sont très nombreuses. Et il multiplie les activités sportives et musicales. Une possibilité tout à l'honneur de la ville des Ulis. Par exemple, il peut chaque semaine pratiquer le golf et faire du piano presque tous les jours. En ce moment il joue la musique de *James Bond*. Et adore. Comme Lucie, il connaît sa moyenne, à deux chiffres après la virgule.

Il sera informaticien, dit-il. Ajoutant qu'il est très fort en programmation, lui qui a même fait un site Internet pour un projet du collège. Tout cela le conduira, espère-t-il, à une bonne école de programmation à Paris, qu'il a déjà identifiée.

Ismaël et Lucie continuent à discuter de ce qu'ils feront plus tard.

Elle sera professeure des écoles, ou cheffe de cuisine, voire les deux ; elle pourra imaginer des gâteaux, elle qui sait déjà en faire plein. N'a-t-elle pas réalisé la pièce montée du mariage de son frère aîné ?

Mais avant, elle veut vivre des aventures, être testeuse d'hôtels, de restaurants. Ismaël ignore que ce métier existe. « Mais si ! » affirme Lucie. « Il faut savoir croire dans l'aventure ! » Quand elle était petite, elle grimpait aux arbres les plus hauts, aussi hauts que ceux-là, devant le collège. Et personne ne pensait que c'était possible. Mais elle l'a fait.

Puis, nous parlons des jeunes qu'ils connaissent, de ceux qui ont l'air entourés, soutenus, d'avoir une famille, mais aussi de ceux qui semblent plutôt seuls.

Peu de monde est entouré comme l'est Ismaël. Sa chance : avoir un père qui finit le travail à quinze heures. Et qui, ensuite, cuisine. Nous parlons tarte au citron meringuée, bavarois à la framboise. Lucie et moi, nous les imaginons, fiers de leurs résultats culinaires, de quoi en oublier les notes. Sa maman est quant à elle une personne rare qui aime la même musique que son fils, la pop, le rap (« Mais pas le rap racaille d'ici ! » précise-t-il) : Bigflo et Oli, Black Metal, Soprano, beaucoup de musique afro aussi, Taye par exemple. Autant de sons qui réchauffent leur domicile. « On écoute ensemble et sans écouteurs, le soir, et le matin aussi. Mais on baisse le son quand l'un d'entre nous met un morceau dans la salle de bains pour écouter et chanter en prenant sa douche », décrit Ismaël.

« C'est nécessaire de réchauffer l'ambiance et de cultiver sa bonne humeur à la maison, poursuit-il, car les problèmes de drogue, les règlements de comptes devant le collège ne sont pas très réchauffants. La semaine dernière, il y avait du sang sur le parking. »

Lucie est elle aussi entourée par ses parents mais elle sait s'occuper seule. Tous deux aiment créer, programmer, dessiner. Lucie a sa propre chaîne Youtube, invente des personnages *gasha life*, et, en amoureuse du Japon, aime les mangas. Ismaël les trouve réussis, ses personnages. Comme Élise, elle apprécie les séries, en particulier *Twilight* et *Teen Wolf*.

Surtout, elle ne s'endort jamais sans *Harry Potter*… Depuis l'âge de 8 ans, elle a lu cinq fois chaque tome de la saga, et dans sa chambre le DVD tourne un peu chaque soir.

Une personne lui manque toutefois : sa cousine. Le père de celle-ci ne veut plus voir sa fille et l'a renvoyée chez sa mère, loin, en Bretagne, à cause de « ce qu'elle a fait ». Nous apprenons que cette adolescente vivait beaucoup avec ses écouteurs et sa tablette, qu'elle gardait jalousement avec elle. Et que, pressée par les réseaux, un jour elle a dérapé et envoyé des photos d'elle dénudée. Prise au piège, perdue et prisonnière, elle n'a pas voulu ou pu s'arrêter. Son père l'a découvert et ne peut lui pardonner, il lui a interdit de revenir.

Et puis il y avait Louise, son amie. Depuis quelque temps, elles se voient moins et Lucie le regrette beaucoup. Louise, délaissée par sa famille, allait vraiment très mal lorsque son copain l'a trompée avec plusieurs filles, raconte-t-elle tandis qu'Ismaël et moi, nous nous préparons au pire. « Elle voulait même se suicider et c'est ce qu'elle aurait réussi si je ne l'en avais pas empêchée ! » L'amie a en effet tenté de se noyer dans la piscine municipale. Lucie a bien vu qu'il se passait quelque chose quand elle était dans l'eau alors que les surveillants n'avaient pas compris et croyaient qu'elle jouait. « J'avais appris le secourisme, j'ai plongé, je l'ai ramenée. Après, les surveillants m'ont aidée, et les pompiers sont venus. »

Plus tard, Lucie veut vivre au Japon.
Plus tard, Lucie veut vivre loin.

Éli, ses nuits plutôt que ses jours

« Les profs, ils font trop de bruit. »

Éli, 14 ans, Les Ulis.

Je trouve Éli, le dos rond, dans la petite salle du collège Aimé-Césaire. Il se tourne les pouces et m'attend. Il est quatorze heures, en ce lundi, et il reste encore trois heures avant la sortie des classes. Ce soir, il n'a pas basket. Pour cette activité de l'association sportive de l'école, il lui faudra attendre demain. Elle a lieu les mardis, mercredis, jeudis, vendredis et les week-ends de match. Alors, le lundi, il y a juste école.

Toute l'équipe pédagogique du collège connaît la nature du lien d'Éli aux cours : un passage obligé de quelques heures par jour, une contrainte, une contrariété, une épreuve. Aussi, il n'est pas difficile d'imaginer son attitude en classe, couché sur la table, le front collé dans ses mains, ou contre le radiateur, ou demandant à ouvrir la fenêtre, histoire de laisser s'égrener quelques minutes en regardant dehors. Peut-être se passe-t-il quelque chose dans la cour ?

Pour Éli, rien de positif n'arrive si on est assis dans une salle de classe. Pour une raison très simple : « Le problème, c'est les profs ! » Les profs : « Ils écrivent trop, ils font trop de bruit, ils n'arrêtent pas de parler », précise-t-il.

Je n'ai pas le temps de lui poser la moindre question qu'il a déjà trouvé l'occasion d'évoquer ce qui lui tient à cœur. Il est inarrêtable. Alors je ne vais pas l'interrompre.

« Vous allez pas me croire, Madame, mais l'autre jour, ma prof, elle a parlé pendant une heure ! » dit-il, les yeux grands ouverts, m'observant fixement, cherchant dans mon regard un peu d'approbation et une complicité pour en rire.

Entre-temps Léna, une élève de troisième, nous a rejoints. Nous nous amusons toutes deux de sa sentence. Mais Éli sait bien qu'il est normal qu'un enseignant prenne la parole en classe. Oui, Éli a compris qu'il était là pour apprendre.

Mais apprendre pour quoi ? Ou plutôt pour qui ?

Son père, réparateur de vélos, est un papa gentil. Enfin, « des fois oui, des fois non ». Il est également cuisinier. Avec lui, son fils a appris à faire des pâtes à la carbonara, des crêpes sans grumeaux, plusieurs sortes de gâteaux, comme des fondants au chocolat. Sa mère, responsable d'un commerce à la périphérie de la ville, peut revenir à la maison après qu'Éli est rentré de l'école puis repartir travailler ; elle vérifie qu'il ne lui arrive rien de grave.

« Ma mère, si je fais des bêtises, elle est pas contente ! » dit Éli. Léna, qui pense à ses propres frasques, lui adresse un regard complice.

Il poursuit : « Par exemple, une fois, j'ai mis 1 000 euros dans un jeu en une journée ! » Une habitude d'acheter des options pour sa PS5 qui avait mal tourné : la carte de crédit de sa mère étant préenregistrée et Éli en ayant le code, il n'a pas pu résister à un achat déraisonnable.

La bévue a pu être rattrapée, sa mère, remboursée, mais, de fait, elle « n'était pas contente ! ».

Pour Éli, faire les devoirs, travailler à l'école n'a de sens que si ses résultats rendent ses parents suffisamment contents pour que la PS5 soit en accès illimité.

Et en pratique, généralement, elle l'est !

Il raconte ses soirées.

« Le plus souvent, je rentre à cinq ou six heures – ça dépend si j'ai basket ou pas. Je prends mon goûter très vite et, à cinq heures dix ou six heures dix, je me mets à la Play. Le dîner, vers huit heures, c'est une demi-heure. On est cinq à la maison, on n'a pas de téléphone sur la table pendant le repas, y a pas la place : on a dix téléphones en tout. Deux chacun, avec une seule carte SIM pour en avoir tout de suite un qui marche si le premier a un problème. »

Il poursuit : « Sinon, je suis à la Play et je m'arrête à une heure du matin minimum, trois heures maximum. »

Après l'école, le soir et le week-end, Éli vit donc une sorte de routine, entouré des objets de sa vraie vie. « J'ai ma PS5, un casque sur la tête pour écouter ma musique et des écouteurs pour parler à mes potes. On se donne rendez-vous dans la ville », raconte-t-il. Pour lui, c'est évident, pour moi, ça ne l'est pas. Car c'est virtuellement qu'Éli et ses amis se rencontrent. Je lui demande d'expliquer ce qui le tient toute la soirée, et même jusqu'au début de la nuit, s'il ne finit pas par s'ennuyer ou s'il n'a pas l'impression de tourner en rond au bout d'un moment, mais sans hésiter il répond : « Je fais pas rien. Ce que je fais, je conduis. »

Devant son écran, en effet, il pilote. Pas de doute, les créateurs de jeux vidéo spécialisés dans l'automobile ont su reproduire la sensation de liberté et le sentiment de puissance de l'homme au volant.

« L'école, ça pourrait servir à gagner de l'argent, poursuit Éli. Si j'étais riche comme Elon Musk, j'achèterais des PC et je jouerais toute la nuit. »

Entre deux jeux sur TikTok et sur sa PS5, il suit aussi l'actualité. Un peu. Et quand elle vient à lui. Certains sujets le stressent, comme Poutine, les meurtres, l'homme qui a été décapité à Lyon et qu'on a retrouvé dans une bouche d'égout. « T'as vu, ça ? » demande-t-il à Léna.

Mais plus encore que les informations, le sujet qui le « stresse », c'est le brevet. L'épreuve aura lieu dans deux ans et on a beau lui dire qu'elle ne sera peut-être plus obligatoire, l'échéance reste chez lui une obsession ; il voit un lien entre l'obtention du diplôme et l'argent qu'il gagnera plus tard. Que fera-t-il s'il échoue et comment travailler avec confiance un examen qui demanderait d'oublier la Play en cas d'échec ? Que de contraintes impossibles à concilier. Parfois il voudrait écouter en classe, pour « s'y mettre » en quelque sorte, mais lorsqu'il écoute il prend conscience de l'ampleur de ce qu'il devrait savoir, de ce qu'il lui faut comprendre, maîtriser, et c'est pire que de ne pas savoir. L'angoisse monte en flèche : vite, la Play.

Éli, stressé, pour se détendre, choisit des musiques qu'il adore afin d'accompagner son jeu sur la PS5. Il nous montre sa playlist, ses artistes et titres préférés : *Dis-moi que tu m'aimes* (Ninho), *J'rentre pas chez moi* (Djadja & Dinaz)… Léna aussi les apprécie. Les paroles des chansons leur parlent : « Je fais le tour de la pièce la nuit, je fais le tour de la ville… c'est Dieu qui donne dans la vie… on voit que des gens… »

Quand vient l'heure d'arrêter de jouer, faute de « potes » pour l'accompagner à distance, Éli regarde quelques clips. Grâce à celui de *Ma jolie*, il devient tout à coup Jayel, droit et souriant sur sa trottinette électrique, roulant dans les rues d'une ville qui pourrait être Les Ulis, devant de hauts immeubles qui se ressemblent un peu tous. C'est un groupe de garçons, comme Deux frères, son autre groupe de rap préféré. Il y a aussi MMZ que Léna, elle, connaît moins. Éli lui conseille de l'écouter.

Lorsqu'il n'est pas encore fatigué, avant d'éteindre, Éli s'offre un épisode d'une série ou d'un film classés « horreur », comme *Saw*, *Annabelle*, *La Purge* ou encore *Chucky*, alliant torture, gore, secte satanique, poupées maléfiques, et thriller. Léna les visionne aussi, mais pas aux mêmes heures.

« Je les regarde, juste avant d'aller me coucher », dit Éli.

Ça l'endort.

Une place pour Léna

« Je ne me sens pas à ma place, depuis toujours, partout où je vais, sauf sur mon île. »
Léna, 14 ans, Les Ulis.

Pour Léna, parler de la vie des adolescents passe d'abord par l'évocation de ses parents. Je comprends son généreux sourire comme une invitation à ouvrir les portes fermées. Avant la rencontre, le conseiller principal d'éducation m'a simplement annoncé que Léna était une jeune fille très appréciée de l'équipe pédagogique, qui serait un bon porte-parole des enfants des Ulis, même si sa vie n'était pas facile, en précisant que, de cela, elle choisirait de parler ou non et que, à coup sûr, de toute façon, elle aurait beaucoup à dire.

Je commence par lui demander comment elle va.

« C'est compliqué, répond-elle. Ma famille est brisée. » Un sourire, encore plus large, auquel je ne peux m'empêcher de répondre accompagne sa sentence.

« Mon père, depuis le CP, je l'ai vu seulement un week-end sur deux. En quatrième, il a pété les plombs, il ne voulait plus payer la pension, il a demandé à me voir plus. On attend toujours la réponse du juge. Et comme il est fiché à la Banque de France, s'il est obligé de payer il devra d'abord la rembourser. Alors nous, on se dit que c'est fichu ! »

Léna a 14 ans. Si quelqu'un pouvait s'occuper de tout chez elle, lui éviter d'avoir à ouvrir les courriers, à trier les papiers, à plonger dans les plis administratifs que sa mère reçoit, qui disent des choses parfois inexactes et coupent l'appétit, peut-être irait-elle mieux. Mais à la maison, « on » traite le dossier. « On », ce sont Léna et sa maman.

Elle poursuit : « Mon père, je ne veux pas le voir. J'ai peur de lui. J'ai compris pourquoi on l'a pas vu pendant le CE2. Ma mère ne le sait pas, mon père ne sait pas que je sais, mais je suis au courant de ce qu'il s'est passé, ma demi-sœur me l'a dit. Quand on ne l'a pas vu, c'est parce qu'il avait planté un couteau dans l'ex de sa copine. Il a disparu six mois. À mon avis c'était pour aller en prison », énonce Léna qui ne semble pas pleinement consciente de la gravité du propos, ou plutôt, qui paraît souhaiter minimiser la situation. Quand c'est trop, c'est trop, alors autant afficher un grand sourire, de ces sourires qui aident à ne pas être rejetée ou à épargner la sensibilité de ses interlocuteurs. Une forme bien à elle de politesse.

Léna souhaite aussi raconter ce qui se passe à l'école. Notamment le harcèlement qui sévit, voire la concerne. Elle assure que le collège ne laisse pas passer ce genre de comportement mais elle précise, dans un accès de franchise qui indique qu'elle aussi en est victime : « Je ne me sens pas à ma place, depuis toujours, partout où je vais. Sauf sur mon île. »

Son île, c'est la Guadeloupe, l'île de sa mère. Elle s'y est rendue une fois. Et se souviendra toujours de l'atterrissage de l'avion, de la vision, à travers le hublot, d'arbres qui n'existent pas aux Ulis, mais alors pas du tout ! De la sensation d'avoir trouvé dans les paysages magnifiques une raison de plus d'admirer sa maman. Et une autre de tenir. Sûr, un jour elle reviendra. D'abord elle travaillera à l'école, puis elle s'offrira deux billets et reviendra.

Léna trouve qu'elle n'est pas assez « comme il faut ». Se reproche de ne pas être pour sa mère « l'enfant qu'elle mériterait », c'est-à-dire « avec d'autres capacités ». Elle se juge fragile, se voit une résistance mentale et physique trop faible.

Elle se considère coupable des bêtises qu'elle commet. Une fois, elle a mis le feu au micro-ondes. Une autre, elle s'est brûlée en faisant cuire des œufs. C'était quand ? Elle ne s'en souvient pas précisément, mais l'histoire du four remonte à la primaire. Les œufs, peut-être à l'année dernière. Sans doute entre deux courriers de banque à ouvrir.

Au collège, ses résultats sont bons. Léna trouve le temps de faire ses devoirs. « L'école, ça va, les profs, ça va, les adultes, ça va, mais ce n'est pas avec les élèves que je vais me détendre », ajoute-t-elle. En revanche *Fortnite* la détend. Elle fait des jeux de rôle avec son cousin, qui habite en Bretagne, ce qui lui a permis de garder contact avec lui. Et d'avoir des liens avec des personnes réelles, comme elle l'explique : « On n'a rien à se dire vraiment, mais quand on fait des jeux de rôle, si. »

Éli, qui « va au carrefour » avec ses potes, comprend parfaitement !

La cour de récréation, elle, est trop compliquée. Pour Léna, c'est même intenable. Elle y est traitée de tous les noms, on s'adresse à elle en la qualifiant de « folle », ou pire, en lui disant : « la pute ». Des insultes qu'elle explique par le fait d'être « différente », plus dynamique, impliquée dans beaucoup de choses ; elle pense que cela énerve. Je devine qu'il y a une affaire en cours, pour laquelle on attend le verdict du conseil de discipline. Léna fait, en effet, partie de la longue liste des enfants victimes d'un harcèlement suffisamment important pour que l'équipe d'encadrement ait pris les choses en main avec sérieux. Le programme pHARe est destiné à ce type d'établissement. Mais aux yeux de Léna, si l'intention est bonne… elle craint qu'elle ne serve à rien. « Quand le problème arrive à l'école, c'est déjà trop tard », explique-t-elle. Pour agir véritablement contre le harcèlement, « il faut que les messages passent partout, que ça fasse le tour », dit-elle, que les auteurs de harcèlement, parce qu'ils n'ont pas conscience de leurs actes, visionnent sur TikTok et tous les réseaux sociaux des films de prévention qui leur donneraient envie de cesser.

« Moi aussi, j'utilise TikTok, ajoute Léna. C'est grâce à ce réseau social que l'on suit ce qui se passe autour de soi, l'actualité, les nouvelles de la ville. »

Concernant celles du monde, si l'écologie et la guerre en Ukraine captent son attention, le sujet des « sans domicile fixe » est de loin celui qui la touche le plus. Parce qu'un peu plus jeune, elle a vécu à Paris et vu les passants enjamber des personnes qui dorment à même le sol, dans le froid – quelque chose qu'elle ne comprend pas et qui l'attriste énormément. C'est aussi à cet abandon qu'elle pense en ouvrant les courriers administratifs : soit son père n'aura plus de maison, soit ce sera « nous » qui serons un jour à la rue. « Si je ne travaille pas comme il faut en classe. » D'où son envie d'avoir « d'autres capacités ».

Deux activités la sauvent : le scoutisme et la natation.

« Avec les scouts, je rencontre des gens qui savent qu'il ne faut pas parler mal, et avec la natation, j'ai les valeurs du sport. »

Léna a, en fait, besoin de se défouler. Car, au fond, elle ne va pas aussi bien que son sourire le laisse croire. Ses résultats scolaires sont en baisse, elle est stressée, elle a du mal à supporter la récréation, les souvenirs traumatisants de son enfance l'envahissent. Pendant les cours, elle essaie de se concentrer, mais, immanquablement, des scènes de violence remontent à la surface. Elle tient à m'en raconter une. Une nuit, son père et la « copine » de son père se sont « tapés dessus violemment ». Elle a eu peur qu'il meure devant elle. En outre, son propre téléphone n'avait plus de batterie et elle ne pouvait alerter personne. Elle revoit, à la fin de la bagarre, la copine donnant à son père des morceaux de sucre pour qu'il ne s'évanouisse pas. Et le lendemain ? Léna est-elle allée à l'école ? « Non, car j'ai été emmenée chez ma mère à quatre heures du matin. Mais le surlendemain, oui, je suis retournée en cours. »

Léna se sait traumatisée. « C'est aussi pour cela que je passe des heures à écouter de la musique sur mon téléphone, à me renseigner sur des expositions d'art, à me détendre. Mais je tombe souvent sur des informations traumatisantes. » Ce qui l'empêche de dormir désormais, c'est la crainte que tout explose, que survienne la fin du monde car on aura « fait » trop de réchauffement climatique. Et rien entrepris contre.

Cette inaction de l'être humain l'attriste. Que nous puissions collectivement « faire » du réchauffement sans même y penser l'effraie. D'où son désir de s'impliquer dans la société, de savoir ce qu'il se passe, de s'exprimer. Un besoin de connaissance qui guide ses lectures, la musique qu'elle écoute et les séries qu'elle regarde.

Côté musique, elle aime Nuit incolore, Starrysky, Lujipeka et le lo-fi, qu'elle trouve sur de nombreuses chaînes Youtube. Elle aime en général la musique douce, à la fois moderne et vintage. Elle savoure les vidéos avec des motifs qui se répètent dans le style animé japonais.

Les séries qu'elle choisit sont, quant à elles, clairement fortes en tension, puisqu'il s'agit des mêmes qu'Éli. Comme lui, elle suit *La Purge*, une série américaine qui fait vivre douze heures d'une nuit de mars, entre dix-neuf heures et sept heures du matin, au cours de laquelle tout crime, y compris le meurtre, devient légal. Parallèlement, elle a fait entrer dans son univers Charles Ray, le héros de la série québécoise *Chucky* (on dit aussi *Jeu d'enfant*), un tueur en série ayant un goût prononcé pour le vaudou, qui se trouve en cavale.

Éli et Léna sont par ailleurs médusés par les épisodes de *Teen Wolf*, ainsi que par les films *Conjuring* et *Saw*, même s'ils n'ont pas les mêmes motivations.

Lui les regarde afin de s'endormir, de se détendre, parce que c'est passionnant. « Je recherche autre chose, explique Léna avec toute la détermination qui la caractérise : je veux avoir une culture générale visuelle. »

Plus tard, elle sera graphiste et imaginera des logos. Elle vient d'ailleurs de terminer son stage d'observation de troisième dans l'atelier d'un auteur de bande dessinée et réalisateur de films.

Son bonheur soudain fait plaisir à voir. Je lui dis que je suis sûre que la vie lui sourira autant qu'elle sourit elle-même aujourd'hui.

Éli, touché par le visage radieux de Léna, est d'accord.

4

À Hénin-Beaumont
La passion des métiers dans le bassin minier

C'est pour rencontrer des élèves du lycée Henri-Senez que je me suis rendue à Hénin-Beaumont. Je connaissais la réputation de cet établissement, capable de repérer les vocations mais aussi de redonner confiance aux jeunes en difficulté.

J'avais découvert dans une publication, les *Carnets de Senez*, les souvenirs d'un ancien élève au parcours exceptionnel, ouvrier de la métallurgie féru de son métier qui a développé parallèlement une autre passion : l'écriture. Intéressée par ce témoignage dans lequel il racontait avoir été poussé à écrire des livres « par un instinct qui lui chuchote des choses », j'ai pensé qu'un tel parcours avait été rendu possible grâce à l'établissement lui-même, connu pour porter ses élèves.

Située au cœur du bassin minier, Hénin-Beaumont affiche ses trois siècles d'histoire. Bien que résultant de la fusion, en 1971, de deux communes, Hénin-Liétard, et Beaumont-en-Artois, elle n'est en rien une ville nouvelle.

J'arrive en avance et profite d'être venue en voiture pour me perdre un peu dans le centre. Je passe la rue Garonne, dont le nom attire mon attention puisque j'ai grandi sur une colline qui surplombe un magnifique bras de ce fleuve. Mon père aimait la vue et c'est pour cela que notre famille avait emménagé sur un coteau. Afin que le regard porte loin. Mais à Hénin, toute plate, la rue homonyme paraît bien longue avec ses maisons à deux étages collées les unes aux autres, identiques, arborant toutes façade en brique, fenêtres blanches avec trois carreaux en bas et un en haut. L'été, on doit pouvoir ouvrir celui du haut, me dis-je, bien que cela ne soit en rien d'actualité puisqu'il fait aujourd'hui extrêmement froid. Un détail m'intrigue : une voiture est garée devant chaque bâtisse. Si les habitants sont au travail, pourquoi leurs véhicules sont-ils là ? Je songe alors au chômage et je me souviens avoir lu que le bassin local affiche un taux de 11 %, plus élevé que la moyenne de la France métropolitaine. Quelques années plus tôt, au plus fort de la crise économique, il a franchi ici les 13 %. C'était en 2003. Et même les 15 % en 2009. Je ne sais s'il y a un lien, mais elle me paraît un peu morne, la rue Garonne, ce jour-là.

Je pars au lycée. Il est l'heure maintenant.

Lucas va pouvoir oublier son école primaire

« Je suis un ancien élève harcelé. »
Lucas, 15 ans, Hénin-Beaumont.

Je rencontre Lucas dans le couloir, qui serait un simple couloir s'il n'était aussi la galerie d'exposition des portraits des jeunes apprentis ; où trône celui de Julie, la star, avec 23 000 vues sur Instagram. Pas pour une vidéo « marrante », comme le dit Élise, mais parce que Julie explique avec des mots simples qu'elle construit son avenir dans la chaudronnerie, que la vie du lycée Senez la fait grandir plus vite, que sa passion est née des moments passés avec son père à fabriquer des « abri-bûches » géants, qu'elle s'entend avec tout le monde ici alors qu'avant, au collège, ce n'était pas le cas. Julie dont le sourire donne le moral pour huit jours !

Je cherche le portrait de Lucas, peut-être n'est-il pas loin. « Pas encore », dit ce dernier. À ses yeux compte surtout le fait d'être en première année de bac pro ici, cursus lui permettant de mettre en pratique sa passion et son « vœu 1 » : la maintenance automobile. Son second vœu, c'était le sport-études, le jeune homme pratiquant le handball avec succès. De fait, juste après notre rencontre, il se rendra à un match au stade Delabre. Tout va donc bien pour Lucas. Du moins lorsqu'on parle de sa vie actuelle.

Un je-ne-sais-quoi m'empêche de poursuivre la conversation sur ses journées. Car Lucas s'est figé lorsque je lui ai demandé quel collège il fréquentait auparavant, question pourtant *a priori* anodine. « Avant, j'étais à Sauvigny, déglutit-il avant d'ajouter dans un souffle : Je suis un ancien élève harcelé. » Et de préciser que Sauvigny n'est pas non plus la ville de son enfance, celle-ci étant Billy-Montigny.

« À l'école primaire, j'avais des très bonnes notes, alors ils n'aimaient pas ça », chuchote-t-il.

Percevoir l'enfer qu'il a vécu dès le CP m'est douloureux. D'autant que la veille, aux Ulis, j'ai entendu une histoire similaire. Trop de bonnes notes, cela se paye. En moqueries, et en coups.

Pas une semaine sans coups.

Cela s'est déroulé à côté et dans un passé récent : cinq garçons ont frappé des poings et des pieds, un élève de leur classe, durant quatre ans sans qu'aucun professeur, médecin, infirmière, pas un adulte, n'intervienne. Voilà ce que révèle le souffle de Lucas, dont le regard troublé empêche de douter une seconde de la gravité de sa confidence comme de ce qu'il a enduré.

Aucun professeur ? « Ah si ! » se souvient-il, un enseignant, quelquefois, leur disait d'arrêter. Mais cela ne cessait pas. Pas un médecin n'est intervenu non plus. Je lui demande si, lors des consultations obligatoires auxquelles il se rendait, le docteur cherchait à savoir si tout allait bien à l'école. Il ne se souvient pas, ne croit pas, pense n'avoir rien entendu de la sorte. La seule chose sur laquelle Lucas est formel, c'est de ne pas avoir passé une seule semaine sans brimades ni coups, pas même un jour. Et que cela survenait toujours au même endroit, là où il y avait un mur et un petit couloir, passage obligé pour rejoindre la cour.

C'est après que ses parents aient été appelés par l'hôpital, le jour où on a retrouvé Lucas par terre devant l'école, que les choses ont changé. « Le jour où j'ai failli… » murmure-t-il sans parvenir à terminer sa phrase, à prononcer le mot. Jusqu'à la fin de l'entretien, d'un accord tacite, nous parlerons donc du « jour où il a failli ».

À partir de ce moment, on l'a envoyé dans une ville proche. Dans un collège proposant le sport-études, un bonheur. Mais il faudra beaucoup de temps à Lucas pour oublier.

Vient le moment de parler de sa vocation pour l'automobile. Un bonheur auquel notre adolescent se destine depuis l'âge de 4 ans. Car auprès de son grand-père, il ne prêtait aucune attention à la brume pénétrante qui s'invite parfois dans les villes du Nord. Tous deux, complices, suivaient les courses de formule 1 avec passion.

J'écoute Lucas me raconter sa joie le jour de ses 5 ans quand il découvre, sous du papier cadeau, une boîte de Lego qui permet la construction d'une Porsche. Et celle de l'année suivante, quand ses parents avaient choisi un grand circuit. Son papa avait décroché une bonne mission dans le bâtiment, sa maman avait encore son emploi de vendeuse dans un magasin de vêtements ; c'était avant que des problèmes de santé ne la forcent à s'arrêter.

Dans quelques années, Lucas se voit technicien de course. Chaque nouvelle voiture à réparer sera une découverte. Chaque jour il remercie la vie de l'avoir conduit dans ce lycée des métiers. Il y mène une bataille permanente entre la confiance en soi abîmée à l'école primaire et celle, restaurée grâce aux professeurs, aux magnifiques ateliers, aux bleus de travail avec insignes de l'école et grâce au proviseur engagé qui conduit souvent ses élèves au bout de leurs projets et, parfois, au bout de leurs rêves.

Des années précédentes, ne pèse ni le souvenir du peu de vacances d'été passées à Berck-Plage ni celui de ses parents n'ayant pas les moyens de lui offrir des cours de char à voile. La seule ombre à effacer est celle des années perdues dans le couloir, derrière le muret, à l'école primaire.

Plus tard, il sera technicien de course, mais où ?

Le plus loin possible.

En Espagne, à Madrid, le point de rencontre européen de la course automobile.

L'Espagne, une destination pas encore développée par Erasmus pour la maintenance automobile. Alors, en attendant, Lucas va s'échapper ailleurs. Grâce à son lycée. À travers son stage.

Bientôt, Lucas partira en Allemagne.

Et bientôt, Lucas aura sa propre place dans le couloir du lycée. Près de Julie.

Roxane s'est sauvée

> « Je n'ai jamais parlé de ma vie privée à mes copines. »
>
> Roxane, 15 ans, Bully-les-Mines.

Le cœur de Roxane n'est pas à prendre.

Autant le préciser, car son histoire d'amour, comme celle de Lucas, c'est avec la voiture ! Dans une classe composée de garçons, la finesse de son visage ne doit pas passer inaperçue. Au sein de l'atelier du lycée professionnel des Hauts-de-France, elles ne sont que trois.

Trois à avoir été sélectionnées pour la filière « Maintenance automobile » d'un établissement qui reçoit deux fois plus de candidatures qu'il n'a de places. Trois filles heureuses n'ayant aucune minute à perdre.

Roxane, en dernière année de bac pro, adore son lycée. Seul défaut de l'établissement à ses yeux, l'interdiction de porter des survêtements : elle ne comprend pas pourquoi. « Ici, j'aime trop ma vie ! » s'exclame-t-elle d'un ton qui pétille de joie et de sincérité.

Je la rencontre au café de la Paix, place Carnot, près de la mairie d'Hénin-Beaumont. En penchant la tête, j'aperçois les hautes fenêtres blanches de l'hôtel de ville qui laissent imaginer la grande salle où Marine Le Pen a pris l'habitude de prendre la parole lors de ses victoires électorales.

Roxane m'apparaît d'emblée vive, tonique, dotée d'une bonne humeur contagieuse. Passionnée de musique aussi, qu'elle écoute quand elle en a le temps. Ses goûts ? Tout ! Du rap, français, américain ; du rock métal, de la techno ; elle s'enivre de ces airs dans le bus, « dans » les fêtes, « dans » les anniversaires !

Petite fille, Roxane aurait aimé que l'école soit un lieu joyeux, où l'on échange des gentillesses, où apparaît la possibilité de rester naïve. Mais il aurait fallu qu'elle soit comme tout le monde. Or, en grande section de maternelle, des dénigrements ont commencé à se répandre dans la cour de récréation des commérages visant cette petite fille aux longs cheveux blonds et bouclés qui n'avait pas le droit d'être si jolie.

À ses yeux, la raison de cette jalousie était limpide. Elle aimerait le dire clairement mais hésite. Alors j'ose : « Trop belle ? » Roxane acquiesce.

« Ben, c'est pas pour me jeter des fleurs... mais oui, c'était un peu ça. Et puis, je n'avais pas de père. »

Comme elle ne l'a jamais connu, les filles de sa classe avaient décrété qu'avec sa tête et son prénom, elle ne méritait pas d'en avoir un, et lui balançaient : « C'est pas étonnant que tu n'en aies pas. » Les histoires qui, à la récréation, commencent par des théories sur ce à quoi l'on a droit ou non, finissent toujours par des insultes.

À la moitié de l'année de CM1, la fillette était donc persécutée. D'un commun accord, ses « camarades » de classe avaient posé leur verdict : « Roxane, t'es une pute ! » « Je n'étais juste pas comme elles, reprend-elle, moi qui n'avais pas de famille ni de père. Elles prétendaient que j'avais des habits de luxe, mais c'était faux : je ne portais pas des vêtements plus chers que les leurs. »

Paradoxalement, plus elle était critiquée, plus Roxane se libérait du regard des autres. Sa force et son élégance tenaient à sa simplicité.

En sixième, la cabale a pris de l'ampleur. Au vestiaire, plusieurs élèves ont arraché les pages de ses cahiers à défaut de lui arracher les cheveux. C'est alors que la jeune fille a compris la définition du verbe « harceler » et pris conscience qu'elle n'était pas la seule victime. Elle se souvient qu'une autre population – « les intellos » – supportait mal la vie au collège. Ce qui n'était en rien une consolation.

Pour contrer cette adversité, Roxane a décidé de compter sur sa force, de gagner, gagner et gagner. À ce stade de la discussion, elle me laisse entendre qu'elle a dû surmonter beaucoup d'épreuves. Et, au cours du récit, aux accents épiques, de ses mésaventures, elle m'explique qu'elle se sent, depuis, condamnée à un parcours sans faute. Ce qui est fatigant.

Car cela signifie avoir sans cesse de bons résultats et être sérieuse en toutes circonstances. « Je n'ai jamais eu une note en dessous de la moyenne », me dit-elle en hochant la tête et en me montrant ses dix doigts, comme pour marquer le coup, affirmer sa probité, afficher sa performance, s'assurer que je la regarde comme une « fille bien ».

Un parcours sans faute signifie aussi se mettre du bon côté du manche, ne pas se rapprocher de ceux qui sont imparfaits. Une amie déprimée qui se scarifie dans la cour de récré ? Une fois, on peut l'amener à l'infirmerie. Ensuite, il faut passer à autre chose, et avancer.

Roxane, elle, a avancé. En laissant sur le chemin des occasions d'amitié, avec un regret encore vif.

Alors que je lui rapporte que la plupart des adolescents de son âge peinent à évoquer les secrets de leur vie, elle m'en donne l'explication : « Je sais très bien pourquoi les jeunes ne se parlent pas ! C'est parce qu'ils manquent de confiance en l'autre. Si on dit une chose à un copain, très vite, ça va être répété. Le mieux est donc de ne rien dire. Moi, je ne me confie qu'à ma mère ! Je n'ai jamais parlé de ma vie privée à mes copines, ni à personne, d'ailleurs ! »

L'adolescente prend un ton qui me convainc de ne pas évoquer le sujet des ados exposés aux réseaux sociaux ou aux cybertrahisons. « Une amie, j'en ai eu une : c'est bien pour rigoler et faire la fête, pour parler, non », conclut-elle.

Un nuage s'installe au-dessus de nous. Sans bruit. Comme si un aveu pénible s'annonçait. Roxane baisse les yeux et les fixe sur des petites traces visibles au milieu de la table en Formica bordeaux, fendillée depuis assez longtemps pour que de la crasse en imprègne le revêtement. « Enfin, je ne sais pas pour les autres mais moi, je n'aurais pas pu parler. J'ai vécu des trucs mais j'ai tenu, j'ai avancé, je ne me suis pas posé de questions. On a fait des fêtes, des anniversaires, mais je n'ai jamais demandé à une amie de me dire si elle avait des problèmes… Ou si elle s'était fait violer ! »

Voilà, c'est dit. Enfin presque. Roxane, 11 ans, s'empêche de parler parce que sa route a croisé, pour son grand malheur, celle de « l'ex de [s]a grand-mère ». Comme d'autres très jeunes filles qui ont vécu une tentative d'agression ou un viol et ont dû, un jour, essayer de parler à leur mère, voire, avec un grand courage, appeler la police, Roxane a osé lever le tabou. Combien de parents d'enfants ont-ils été trahis au sein même de leur foyer ?

Ça s'est passé dans la cuisine, au moment où sa grand-mère prenait sa douche. Un drame arrivé aussi à sa cousine quelques semaines auparavant, me confie Roxane, soudain intimidée, qui baisse légèrement les épaules, mais me regarde droit dans les yeux, avec une intensité que je n'oublierai jamais. Une cousine qui avait été menacée de mort si elle parlait, et s'était tue. Roxane, elle, a refusé ce chantage.

Et, aujourd'hui, elle veut le dénoncer. Pour les autres. Maintenant qu'elle est heureuse et termine son lycée, elle s'autorise à s'occuper d'autrui. Personne ne doit risquer d'être violé. Aucune grand-mère au monde ne doit subir la culpabilité insupportable de savoir que sa petite-fille adorée a été agressée sous son toit. Il faut qu'à l'école « on puisse en parler, explique Roxane, quand on n'arrive pas à le dire à ses parents parce qu'ils ne comprennent pas ou sont personnellement touchés, quand on s'inquiète de devoir se rendre chez quelqu'un qui fait peur ».

Aujourd'hui, Roxane fait un métier d'homme et trouve qu'au contact de ces derniers, sa peur s'en va. Ce dont elle est certaine, c'est qu'elle veut réussir, gagner un bon salaire. Elle rêve de s'acheter une Mustang toute noire, de partir en Allemagne parce que là-bas, la vitesse sur les autoroutes est illimitée. D'y vivre avec l'homme qu'elle va rencontrer, mais probablement sans avoir d'enfant. Les protéger prend trop de temps et trop d'énergie.

5

À Meaux
L'ambition dans les quartiers prioritaires

J'arrive à Meaux, dans le quartier du lycée Henri-Dunant. Je découvre des petites résidences qui succèdent aux tours, des quartiers qui furent l'objet d'une rénovation urbaine scrutée sur le plan national.

Il y a quinze ans se dressaient ici des immeubles de vingt-deux étages devenus le siège d'une délinquance en expansion. Loin de la douceur des noms de fleur que ces tours portaient, c'est la peur qui poussait. Ayant malheureusement échappé à la rénovation entreprise, les bâtiments des quartiers de Beauval et Collinet, 66 mètres de haut, devraient imploser dans les années à venir.

Alors que l'architecte Le Corbusier a voulu apporter du rêve au milieu des années 1950 en bâtissant « une ville radieuse », c'est un confrère, Jean Ernest Ginsberg, qui a hérité du projet et réalisé le grand ensemble de La Pierre-Collinet. À l'époque, 1 860 logements équipés de services luxueux ont attiré la bourgeoisie locale. On parlait du quartier comme d'un « merveilleux jardin d'aventures » pour les enfants.

Trente ans plus tard, la zone est devenue l'épicentre de l'insécurité. La mémoire locale prétend que la commune a programmé les feux tricolores afin qu'ils restent clignotants pour éviter aux conducteurs de se faire dépouiller en attendant au rouge.

Pour éliminer cet espace de non-droit, le maire a développé un projet de rénovation sur une dizaine d'années, d'abord à Collinet, puis à Beauval, le quartier voisin. Dont commencent à se voir les effets.

En traversant la rue principale, une antenne locale de la mairie, bâtiment transparent marqué d'un drapeau tricolore, apparaît. Une femme y entre. Je me plais à imaginer qu'elle vient peut-être inscrire un enfant à un atelier périscolaire, sans avoir à se déplacer jusqu'à l'hôtel de ville, situé dans le cœur historique de Meaux.

En venant rencontrer les jeunes Meldois des quartiers prioritaires de la politique de la ville (QPV), j'ai envie de comprendre comment ils vivent la transformation radicale de leur environnement. Comment se jouent l'ouverture, l'égalité des chances ? Comment les enfants parviennent-ils à trouver leur « jardin d'aventures » ? Cette antenne locale me paraît un début de réponse. Les adolescents que je vais rencontrer m'apporteront les leurs, souvent éclairantes, notamment sur les actions de collaboration entre établissements scolaires et municipalités.

Les garçons de Meaux

« Pour réussir, ce qu'il nous faut, c'est le mental. »

Kylian, 14 ans, Lounis, 12 ans,
Ali, 12 ans, Meaux.

« C'est bien, ici, mais les longues études, je ne vais pas tenir », commence Kylian, le plus âgé du petit groupe de trois garçons réuni dans la belle salle de CDI du collège. Si Kylian n'aime pas l'école, c'est parce qu'il estime y apprendre des « trucs inutiles ». Lui veut être directeur d'une entreprise et se destine à un projet assez précis : la direction d'un magasin de vêtements franchisé. Dont il imagine déjà le nom : Foot Corner. Personnellement, je ne le trouve pas très convaincu. Ce qu'il aime dans le projet, c'est la possibilité de s'installer dans le quartier, près de ses amis et d'un terrain de foot.

Ses parents habitaient l'ancien Beauval. La famille occupait un appartement dans l'une des vingt tours déjà détruites et a emménagé dans un immeuble avec balcon, non loin du parc du Pâtis. Il se rend à l'école à pied, « avec des potes ». S'il a besoin d'acheter des chaussures, il va dans les magasins de quartier avec sa mère. Sa tante le conduit en revanche dans la zone commerciale – sa mère ne conduit pas – afin qu'il l'aide à porter les grosses courses. Les grandes surfaces sont rassemblées là-bas.

À quoi correspondent les « trucs inutiles » de Kylian ? Aux mathématiques, au français, à la physique-chimie. En somme, à tout… sauf au sport. L'adolescent cherche à me démontrer qu'il n'a pas besoin des autres matières. L'anglais ? « Je mets le traducteur. » L'histoire et la géographie ? « J'ai pas besoin, ma famille était au Mali. Ils sont venus, et moi, pour aller où j'ai besoin, je prendrai l'avion, j'irai acheter les billets, j'ai pas besoin de la géographie. » Ses parents n'aiment guère parler de l'école. La seule chose qui leur importe, c'est qu'il n'y ait pas de problème, qu'il ne soit pas nécessaire de s'y rendre ou d'avoir à s'expliquer au téléphone. Les résultats scolaires, c'est à Kylian de les gérer. Seul compte le fait de ne pas déranger son père, qui refuse d'entendre parler de disputes ou de garçons qui se frappent et se blessent. Une distance vis-à-vis de l'école qui va à l'inverse des efforts que celle-ci déploie pour faciliter son ouverture aux parents. Mais le passé douloureux de la famille de Kylian en matière de scolarité ne s'effacera pas en une génération.

De toute façon, Kylian ne compte pas se battre, trop risqué. Dans sa classe de la section « foot », sur 23 élèves il y a 15 garçons. Donc mieux vaut ne pas chercher l'embrouille. L'ambiance a un nom, à défaut d'un logo : c'est « grave active », que l'on peut traduire par : « Si un truc arrive, il faut y prêter attention, sinon ça va dégénérer. »

« Quand les garçons se moquent des filles, ça fait des histoires, les filles font les victimes, mais c'est pas le plus grave. Là où ça dégénère, et parfois explose, c'est lorsque les garçons sont entre eux. Même si ce sont les filles qui commencent », dit-il. Ali et Lounis sont d'accord. Et confirment que les explosions surviennent souvent à cause d'insultes sur les nationalités.

Ali, en cinquième, bénéficie de la double nationalité française et marocaine, en fait régulièrement les frais. Par exemple, la semaine de la rentrée, une fille de la classe lui a lancé : « Toi tu es un Français, t'es pas un vrai Marocain ! » avant de s'éclipser pour laisser ses camarades masculins en rajouter. Si le médiateur, dont la grande baie vitrée du bureau donne sur la cour, n'était pas sorti en trombe, on ne sait pas où la querelle aurait fini.

Lounis, un garçon de Collinet, a dépassé le problème. Les nationalités, il en compte trois : française, sénégalaise et luxembourgeoise. Il est lui aussi en cinquième, et sa classe compte davantage de filles, ce qui change l'équilibre. Pour lui, l'ambiance est « bien ». Il peut même dire qu'il aime l'école et s'y sent bien. Lounis se réfugie dans l'apprentissage parce qu'il n'est pas toujours évident pour cet adolescent pacifique d'éviter les conflits dans la cour. Une seule fois – il ne l'oubliera pas ! –, sept garçons ont néanmoins voulu le frapper. C'était le jour de remise des bulletins, où il avait eu 14 de moyenne générale. Y a-t-il un lien ? Lui se souvient juste que la dispute a commencé à cause d'une histoire de prénoms et qu'il est retourné en classe – il aime écouter les cours – avec ce petit air sérieux qui en gêne plus d'un. Heureusement pour Lounis, se trouver dans un établissement où les adultes interviennent en cas de querelle lui a sauvé la mise. Car ici règne une autorité bienveillante, portée par le principal du collège qui en a fait son combat.

Ali le reconnaît : se plaindre des profs, c'est ainsi qu'on soude l'amitié avec les copains. Comme un cri déjà entendu, j'écoute Ali expliquer qu'il s'ennuie en classe parce que les profs parlent beaucoup trop. Je lui rapporte les propos d'Éli, et tout le monde est à l'unisson. Kylian, Lounis, Ali le répètent : les profs parlent trop ! « Il faut qu'ils fassent des trucs intéressants ! ajoute Ali. Comme le jour, en sciences, où le prof nous a montré le sang qui circule dans un cœur de bœuf. »

Mais cela ne suffit pas, intervient Kylian. À ses yeux, le secret de la réussite tient au mental. Ce n'est pas à son école qu'il en veut, énonce-t-il en commençant à s'énerver : « Il faut que les potes arrêtent de dire qu'on ne va pas réussir dans la vie au niveau carrière si on n'a pas une bonne note. La vie normale, c'est pas l'école. Si on te démoralise, tu vas arrêter de travailler et arrêter tout ! »

Et de poursuivre, sur un thème un peu différent : « Ce qui est bien, c'est quand on t'encourage. Comme le médiateur qui te dit que si t'as 13 et que tu voulais plus, c'est pas grave. Quand tu prends des heures de colle, c'est pas bon, surtout quand t'as juste parlé une fois à ton voisin d'un truc qui concerne le cours en plus ! Alors qu'eux [les profs], ils parlent tout le temps ! »

Ali aimerait faire un CAP de cuisine. Mais plus tard, il voudrait être comptable parce qu'on lui a dit que cuisinier n'est « pas un métier ». C'est peut-être dommage, car il adore cela et son loisir préféré est de déguster des plats. Une fois par mois, ses parents le laissent se rendre avec ses copains au Wok pour partager le « buffet à volonté ». Ça coûte vingt euros, et ils peuvent y rester longtemps parce que c'est « vraiment à volonté ». Mais cuisinier « n'est pas un métier »… alors il sera comptable.

Kylian intervient : « Pour réussir, ce qu'il nous faut, c'est le mental ! Et pour le mental, il faut un discours ! Il faut aussi qu'on nous dise qu'on croit en nous ! La vie, c'est faire ce qu'on a envie de faire, et il faut être soutenu, précise-t-il. Ali, peut-être que son truc, c'est d'être cuisinier, mais regardez : moi, par exemple, ma passion, c'est le foot, et mes potes, ils en sont encore à me parler des notes. » C'est être footballeur professionnel, le rêve de Kylian, pas d'entrer dans une école de commerce. Un projet qu'il voudrait vraiment réaliser. À l'école, il supporterait très bien que les profs parlent s'il pouvait, le soir, s'endormir en pensant qu'il s'entraînera bientôt. Il aimerait être comme Warren, un garçon du collège sélectionné dans l'équipe de Monaco.

Soudain Lounis et Ali se réveillent ! « Ah bon ? Warren a signé à Monaco ? » questionne le premier. De concert, Ali et Kylian précisent : « Il a signé à Reims, il *va* signer à Monaco. » Les trois garçons parlent comme des adultes, trois commentateurs sportifs en âge de tenir l'antenne. L'espace d'un moment, je n'existe plus.

« J'ai 15 de moyenne, reprend Kylian qui me fixe maintenant de ses yeux noirs brillants, et je vise 17. Mais pour ça, il faut que tout le monde croie que je peux faire comme Warren… Ou que je peux essayer. Et si ça ne marche pas mais qu'on m'a quand même encouragé, j'aurai le mental pour autre chose, pour travailler. »

Je demande si, avec beaucoup de travail et d'encouragements, il se croit capable de jouer un jour en Coupe du monde.

« Oui », répond-il d'un mouvement du menton en surveillant la réaction d'Ali qui s'y connaît.

Une chose est sûre : il veut faire passer un message.

Les filles de Beauval et de Collinet

> « Au Colisée de Meaux, j'ai découvert la trompette. »
>
> Nelly, 12 ans, Meaux.

Chez elle, Maria aime danser, chanter, écouter de la musique ou cuisiner. Avec ses parents, elle se sent contente, enthousiaste et protégée. Elle apprécie sa famille et son quartier, Beauval, qui est aussi celui de Nelly. Mais Loula, qui fréquente le même collège, est, elle, une fille de Collinet, un quartier situé un peu plus loin, de l'autre côté du canal. Lorsque je les rencontre, toutes trois reviennent de récréation et apprécient la perspective d'un moment de calme dans le lumineux CDI.

Maria, la plus âgée, en troisième, sait déjà qu'elle veut être infirmière ou exercer un métier qui lui permette de s'occuper des autres. Comme sa mère, aide-soignante à l'hôpital de Meaux. C'est une chance puisque les choix d'orientation en filière générale ou professionnelle se font prochainement.

Le rythme de sa maisonnée est parfois entrecoupé de promenades au square du Berry, ou au centre commercial, selon les besoins de la famille. Elle fait des balades avec ses parents ou avec sa tante, mais, comme elle l'explique le plus naturellement du monde, on la préfère à l'intérieur de la maison. « Mes parents, ils n'aiment pas trop que je sorte », dit-elle avec un ton qui trahit une absence totale de rébellion. C'est sans doute la raison pour laquelle elle ne dispose ni de téléphone ni de tablette. De toute évidence, voilà longtemps qu'elle ne s'interroge plus pour savoir si cela lui convient ou non. Elle chante, et danse, elle cuisine de bon cœur, mange ses délicieux gâteaux avec enthousiasme, ses préférés étant le « moelleux café touba-chocolat » et le « malva pudding » qui sent bon la vanille et la tarte au lait.

L'été précédent, Maria et les siens se sont rendus en Afrique du Sud. Parce qu'une tante vit là-bas. Un long voyage, générateur de nombreuses joies familiales, même si l'adolescente était pressée de rentrer en classe dès septembre afin de retrouver ses amies. L'école lui donne aussi la possibilité de rêver. Le cours de musique, par exemple, est son préféré. La clarinette, la trompette, le piano, la flûte à bec, le hautbois, tous ces instruments transportent Maria vers des contrées lointaines. On l'imagine aussi voyager dans le temps en classe d'histoire – elle aime la voix du professeur – et partir ailleurs lorsqu'elle se trouve en classe d'espagnol, cours qui lui fait goûter la sonorité des poèmes de Garcia Lorca, les chansons de Paco Ibáñez et les chœurs de Quilapayún.

C'est ça, la troisième, pour Maria : une année aussi heureuse que les précédentes ont été dures. Nelly, la petite sœur d'une de ses amies, le sait bien : l'année d'avant restera « le cauchemar de sa 4e » parce que des filles critiquaient son physique dès qu'elle avait le dos tourné. Grâce à l'intervention de l'équipe d'encadrement, tout a fini par cesser. Mais ce harcèlement, aux dires de Maria, a pris une tournure telle qu'elle se sentait très angoissée dès le matin lors du départ à l'école. « Quand c'est comme ça, forcément, t'as la boule au ventre ! » Fait attristant, Maria n'établit aucun lien entre les violences verbales répétées qu'elle nous décrit et son incapacité d'écoute en classe, entre ces agressions verbales et son comportement insolent qui a fini par poser problème au corps enseignant.

Mais c'est heureusement de l'histoire ancienne grâce à la vigilance des responsables du collège qui ont su raisonner les auteurs des méfaits et leur faire adopter une tout autre attitude. Depuis quelque temps, Maria arrive à se concentrer en cours. Comme Nelly et Loula.

Cela dit, elles écoutent quand elles arrivent à entendre ! Car, dans certaines matières, le bruit des élèves est trop fort pour percevoir clairement les propos du professeur.

Nelly le regrette d'ailleurs beaucoup, elle qui adore l'école. En cinquième ici, elle se sent heureuse et même intelligente. Tous les jours, elle vient suivre les cours et retrouver six ou huit amies – seulement des filles – avec plaisir, se satisfaisant de son 15 de moyenne générale. Si elle pouvait profiter de l'enseignement dans le calme, elle aurait même 18, estime-t-elle. « C'est vraiment très difficile », soupire-t-elle. Loula, l'air aussi affligé, acquiesce et ajoute : « Oui, les perturbateurs font beaucoup de bruit ! »

Face à ce problème, Nelly avance une solution très simple : séparer les filles et les garçons ! Loula ne sait ce qu'il faudrait faire. Elle aime autant les uns que les autres : « Quand on part en classe de découverte en Bretagne, comme l'année dernière en primaire, on s'amuse tellement bien avec eux ! »

Nelly en veut néanmoins à ceux qui font du bruit, estimant qu'on lui vole un peu son école que maintenant elle adore, et que… ce n'est pas le moment ! Elle n'a pas voulu interrompre Maria lorsque celle-ci confiait ses déboires en quatrième, mais tient à revenir sur le harcèlement. Elle-même a une histoire à raconter. Et je comprends, une fois de plus, qu'aller à la rencontre de collégiens revient avant tout à s'ouvrir aux témoignages sur l'agressivité qui règne entre eux.

« Moi, le harcèlement, c'était en sixième, commence-t-elle. Il a duré un mois environ parce qu'après, grâce à la CPE j'ai changé de classe. Les filles ont mis un mot bizarre, qui était mal, sur ma session d'ordinateur et ont affirmé que c'était moi. J'ai dit aux professeurs que c'était pas vrai, mais elles ont répété que c'était moi. Quand j'arrivais à l'école elles m'attendaient et disaient : “Tu sais, c'est pas grave, on te comprend, on dira pas que c'est toi.” Puis elles changeaient de discours, disaient que c'était une blague, s'échappaient en se moquant. Mon père a appelé la CPE. Ma mère, elle, n'a pas téléphoné car elle ne vit plus avec nous, elle est en France dans une autre région et je ne la vois que pendant les vacances. C'était trois mois avant la fin de l'année. » Nelly, très affectée, explique aussi que ces filles effrayantes la suivaient et que si elle essayait de les ignorer, c'était en vain. Elle avait donc « juste » peur d'aller à l'école.

Même collège, même qualité de prise en charge : une infirmière très vigilante, une direction d'établissement déterminée à ce que rien ne passe au travers des mailles du filet et les choses se sont arrangées. Nelly se sent à nouveau heureuse et peut enfin se projeter. L'avenir ? Devenir médecin. Elle joue aussi d'un instrument de musique ; de la trompette, ce qui ne m'apparaît pas comme le fruit du hasard. Grâce à l'école, elle a pu aller à un concert organisé par la mairie, au Colisée de Meaux, où elle a découvert l'instrument. Puis, avec son père, l'année précédente, elle a renouvelé l'expérience. Parce qu'à l'école, chaque mois, une feuille passait dans les classes, donnant accès à des spectacles ou à des sorties. Comme au « musée des rois de France », à Versailles. La joie !

Maria et Loula ont, elles, profité de ces activités culturelles et de promenades dans le centre historique de Meaux. Maria, curieuse d'en savoir davantage, interroge : « Qu'est-ce que c'est, le centre historique de Meaux ? Je ne suis jamais allée à Meaux. » Je me rends compte qu'elle habite à Beauval et considère son quartier comme sa ville, donc qu'elle pense ne s'être jamais rendue à Meaux alors qu'elle y vit. L'été, c'est de Beauval qu'elle s'envole vers Johannesburg.

Quant à Loula, bonne élève habituée à nuancer sa réponse, elle précise : Meaux, non, elle n'y va pas, mais le centre historique, elle connaît ! Or, pour elle, il s'agit de celui de Collinet où elle se rend avec son grand frère et sa mère le samedi. Loula aussi a fait de son quartier sa ville.

Nous regardons l'heure, il est temps d'aller déjeuner.

6

À Troyes
L'espoir dans les territoires les plus pauvres du Grand Est

J'arrive à Troyes, une ville que je ne connais pas.

Je découvre les rues pavées, les façades de maisons colorées. Aujourd'hui, les températures sont négatives. Il devait faire froid au Moyen Âge dans ces bâtisses non chauffées ! Je m'installe dans un café de la ruelle des Chats, nommée ainsi parce que les maisons y sont si proches qu'ils peuvent sauter d'un toit à l'autre.

À côté de moi, les enfants de deux familles profitent de leur mercredi après-midi. Leurs mères ne surveillent pas leurs affaires. J'engage la conversation avec deux d'entre elles et leur confie le motif de ma visite. Elles me racontent qu'elles vont occuper les prochaines heures à effectuer des allers et retours afin d'accompagner leurs garçons et filles, au club de tennis, au centre de judo, au cours de natation. Le centre historique me paraît tranquille et sûr. De fait, ici, le taux de criminalité est plutôt bas par rapport à des cités de taille équivalente. Mais comme presque partout ailleurs, la plupart des infractions sont commises dans les quartiers périphériques, ceux où je vais passer la fin de la journée.

Ceux où l'on m'attend et où je souhaite rencontrer les enfants des familles les plus pauvres de Troyes comme du Grand Est. Des quartiers où un quart de la population a moins de 25 ans.

Je quitte donc ces mères de famille à adolescents vêtus de polos Lacoste – fabriqués dans une usine avoisinante (le crocodile emblématique de la marque fête ses 90 ans en ce printemps 2023) et franchis la voie Georges-Pompidou, barrière psychologique dans l'esprit des habitants, pour faire la connaissance de jeunes à qui on ne rend pas souvent visite et qu'on écoute fort peu.

Ici, les médias passent seulement pour faire de brefs reportages, couvrir des faits divers ou un événement comme la destruction d'une tour. Dans le quartier Jules-Guesde, il n'en reste d'ailleurs qu'une. À mes yeux, les jeunes méritent pourtant autre chose que cette alternative entre oubli et journal télévisé. Car chez tout enfant naît l'impression d'une perte intime lorsque le bâtiment qu'il a toujours connu s'effondre. Un sentiment qui doit être entendu.

C'est pourquoi je suis reconnaissante à la ville d'avoir choisi de m'accueillir dans le quartier le plus pauvre du Grand Est et de m'offrir l'occasion de vraies rencontres avec les adolescents qui y vivent.

La représentante de la municipalité qui me reçoit est enthousiasmée par les actions déployées. Ici, aux Sénardes, 600 mètres carrés ont été attribués à des services publics destinés à offrir aux jeunes des activités diverses mais aussi d'autres actions comme recevoir les mères en difficulté, organiser des rencontres intergénérationnelles. Les habitants, qui manquaient jusqu'alors cruellement de place dans leurs logements, sont heureux de pouvoir, enfin, bénéficier de salles pour retrouver leurs familles et leurs proches.

Si ce matin-là il faisait froid dans le Grand Est, quand j'en partirais, je me dirais être entrée dans un lieu essentiel, source de paix et d'espoir. Mais il ne faut cependant pas se cacher à quel point il est fragile.

Lara veut devenir quelqu'un

> « Je veux être ambassadrice de France pour l'Arménie. »
>
> Lara, 16 ans, Troyes.

Lara fait partie des personnes qui, intuitivement, vont là où elles peuvent apporter quelque chose. En cette fin d'après-midi, comme tous les jours, elle passe dans la maison de quartier des Sénardes. Élève sérieuse en classe de première au lycée Camille-Claudel, elle a toujours quelqu'un à venir y voir, un conseil à prendre, une matière à travailler au calme. Notre rencontre n'était pas prévue mais comme elle connaît bien Zakaria, Lara rejoint naturellement le petit groupe tandis qu'Antonina et Amélia, qui vivent dans le quartier Jules-Guesde, partent prendre des nouvelles de quelques amis. Elles nous retrouveront plus tard.

À l'évidence, ici, tout le monde se connaît. L'espace Sénardes, ouvert tous les jours de neuf heures à midi et de quatorze heures à dix-huit heures, on y accède sans avoir à s'inscrire. Les parents y trouvent des conseils ou un soutien ; les enfants de tous âges, des activités. Par ce beau mercredi de février, les rayons du soleil ricochent sur l'aluminium de la façade. Dehors, les plus petits jouent, leurs habits de couleur et leurs acrobaties se reflètent sur les baies vitrées qui s'étendent au sud de ce long bâtiment. L'Espace est l'horizontalité même et sa transparence en fait une sorte de tour de verre allongée au sol devant une grande esplanade. On l'appelle la « place du village ». On imagine volontiers les parents veiller sur leur progéniture du haut de leurs appartements et, quand vient le soir, descendre quelques étages pour chercher les enfants trop heureux de s'être dépensés sur les pyramides de cordes, à travers des tunnels et en glissant sur les toboggans.

L'environnement est plus minéral qu'à Vayk, la ville d'Arménie où Lara a vécu sa petite enfance.

Si ses parents sont d'abord venus avec leur fille aînée, qui souffre de paralysie, en France où l'on disait qu'il y avait des chirurgiens capables d'aider leur petite à reprendre la marche, Lara et son frère les ont rejoints ensuite. Les adieux aux grands-parents, le premier avion, l'exil, rien n'a été simple. Tout quitter à 9 ans, ce fut son point de départ.

Les premiers temps, l'adaptation est compliquée pour Lara, plongée dans un océan d'inconnu. En CM2, rien ne lui est familier, ni les visages des élèves, bien sûr, ni la nourriture à la cantine, ni le rythme, ni le comportement à adopter. Elle ne possède aucun code pour entamer son intégration.

Puis vient le temps du collège. Où tout se fait plus plaisant.

« J'y ai trouvé des gens qui me ressemblent culturellement. Avec la même façon de réfléchir, avec l'envie de lire », raconte-t-elle en se remémorant le moment où elle a senti émerger en elle une force vitale, naître l'optimisme, grandir l'impression que, oui, elle allait s'en sortir. De fait, sa détermination me paraît hors norme.

Qu'aime-t-elle lire ? *Devenir*[1], de Michelle Obama. « J'aime bien, car je me reconnais dans son livre. Le fait de vouloir devenir quelqu'un. »

Bien sûr, je suis impatiente d'en savoir davantage. Alors que Lara affirme son ambition, il émane d'elle une force rare, mais aussi un peu de fragilité. Je lui demande si elle a un projet précis, ou plutôt une idée qui lui permettrait d'aller de l'avant, lui offrant la possibilité de rester prudemment dans le vague. Si Lara a vraisemblablement répondu mille fois à cette question, posée par ses parents ou ses amis, exprimer son objectif devant une inconnue, jamais elle n'en a eu l'occasion.

1. Michelle Obama, *Devenir*, Paris, Fayard, 2020.

« J'ai un projet très précis, explique-t-elle sans sourciller, je veux être ambassadrice de France pour l'Arménie. »

Un rayon de soleil traverse la vitre et pénètre dans la petite pièce qui nous a été prêtée. Ce beau mercredi de février est un jour que je n'oublierai pas.

« Madame l'ambassadrice, la nuit va tomber », lui dis-je sans aucune forme de moquerie mais pour montrer que je suis traversée par un sentiment d'admiration. Nous plaisantons un peu puis examinons le mur ; il doit bien y avoir un interrupteur pour éclairer l'espace ! Il nous reste peu de temps, apparemment beaucoup à nous dire, inutile de le faire dans le noir.

Le plan de la jeune fille est tracé. Comme elle a décidé d'entrer à Sciences Po dans moins de deux ans, elle a déjà écrit la lettre de motivation obligatoire pour accéder à une de ces classes préparatoires qui augmenteraient ses chances de réussir. Elle me la lit. Le texte est parfait, simple et puissant. Elle y cite Michelle Obama qui « reconnaît la difficulté [...] universelle de faire coïncider qui vous êtes, avec le lieu d'où vous venez, et celui que vous voulez atteindre[1] ». Et explique qu'elle ne veut pas se victimiser, ni dire que les difficultés constituent un obstacle incontournable.

1. *Ibid.*

Des difficultés qu'elle rencontre partout tiennent en un seul mot : la différence.

Les parents de Lara, n'ayant pas de papiers, ne peuvent pas encore travailler. La famille vit donc des aides et de quelques ventes de gâteaux, achète sa nourriture avec des tickets, et porte des vêtements distribués par des associations. La jeune fille rêve du jour où elle aura la nationalité française, même si celui-ci est encore loin. Mais lorsque je lui demande ce qui lui manque, ce qui pourrait l'aider, Lara rétorque : « Je ne manque de rien. »

C'est le second choc de la journée. J'insiste. En est-elle sûre ? Je comprends qu'elle a des parents, une famille et qu'ils sont aimants. Qu'il y a aussi un oncle resté en Arménie, venu une fois leur rendre visite, qui lui a offert son téléphone portable – sans quoi ce serait compliqué en effet – et que cet oncle croit en elle. Qu'il y a aussi des professeurs soutenants. Donc non : Lara ne manque de rien.

Enfin il y a la maison de quartier, ce deuxième foyer ouvert à tous les enfants qui osent en pousser la porte, où le soutien permet d'avancer. Un soutien grâce auquel Lara est bonne élève au lycée, se voit encouragée dans ses choix, contente des spécialités qu'elle a sélectionnées pour sa première, et qu'elle liste fièrement : sciences économiques et sociales, histoire-géographie, géopolitique et sciences politiques, humanités, littérature et philosophie. « Je suis très littéraire ! » conclut-elle.

Lara, qui « ne manque de rien », a tout de même une idée. Elle sait ce qu'il faudrait faire pour qu'elle soit plus heureuse encore, et aider les jeunes d'ici : proposer des ateliers extrascolaires humanitaires – mais aussi dans le collège et le lycée – afin de développer la notion de responsabilité chez les jeunes.

Cette jeune fille, imprégnée de sens social, pourrait devenir un jour « l'ambassadrice de France qui a grandi avec la maison de quartier du quartier le plus pauvre du Grand Est ». Les enfants qui jouent dehors seront heureux et fiers. Ils diront qu'ici, on peut devenir quelqu'un.

Zakaria non plus ne manque de rien

> « La maison de quartier, c'est notre deuxième maison ! »
>
> Zakaria, 17 ans, Antonina, 14 ans, Amélia, 12 ans, Troyes.

Monter et descendre les neuf étages, rendre visite à ses voisins, c'est ce qu'Antonina redoute de perdre avec la destruction des tours du quartier Jules-Guesde.

« C'est nul, dit-elle sans tourner autour du pot. On est les derniers, tout le monde a déménagé. On se connaît depuis toujours, on est tous nés là-bas, c'est la famille ! On se voit devant les immeubles au printemps, on fait des barbecues ensemble. Et maintenant on va être séparés ! »

C'est sa tour Jules-Guesde que l'adolescente regrettera, mais également celle d'à côté, la même exactement, où elle va très souvent pour un oui, pour un non, promise à la disparition elle aussi.

Amélia, un peu plus jeune, voit les choses différemment. Que tout le monde s'éloigne ne la dérange en rien. Elle aime bien sa vie ici, mais aussi l'idée d'aller s'installer ailleurs. Surtout si la perspective est d'habiter un immeuble bas, entouré de verdure. Elle pense que cela sera joli. Et moderne.

Amélia et Antonina se sont connues à la Maison-Rose, autour d'Hélène, merveilleuse seconde mère des enfants du quartier Jules-Guesde. Une Hélène qui n'habite pas les environs, mais vient tous les jours. « On n'a pas eu besoin d'aller s'inscrire. C'est Hélène, avec une équipe de la mairie, qui est venue sonner, se souvient Antonina. Heureusement, parce que quand les animateurs ne se déplacent pas, personne ne pense à s'inscrire. Regardez la petite Fiona : ça fait dix fois que je dis à ses parents de venir. Eux, ils n'ont pas ouvert, ou n'étaient pas là quand on a sonné, ou n'ont pas eu de visite, eh bien tous leurs enfants restent chez eux après l'école. C'est nul. Ils auraient dû les inscrire depuis le début. Pour les devoirs et les activités ! »

À la Maison-Rose on prend des cours de français, on fait ses devoirs, on règle les problèmes de papiers. Hélène est aussi la seconde mère des parents. À toutes les vacances, les enfants inscrits peuvent même partir avec elle. « On va à Paris, un peu partout. C'est génial ! » s'exclame Antonina.

L'aide aux devoirs a commencé en sixième. Et c'est en ce lieu hors normes qu'Antonina et Amélia ont pu rêver, concevoir des projets pour le futur et tout faire pour les rendre accessibles.

Antonina aimerait devenir auxiliaire puéricultrice. Elle adore les bébés, qu'elle appelle « les tout-petits », a toujours pris soin de ceux des familles amies, de ses tantes. Elle se sent douée pour les endormir, leur donner du lait, les protéger. Mais il faut absolument se former à ce métier. Son premier vœu sera le lycée général et technologique & professionnel Marie-de-Champagne ; elle n'a en revanche aucune idée pour le deuxième. Hélène n'est pas inquiète.

Puisque sa tour sera détruite, pourquoi ne pas aller ailleurs ? Antonina se verrait bien dans le Sud. Et même n'importe où. « Partir, ce n'est pas un problème. Je l'ai déjà fait. Tant que je peux faire mon métier, c'est tout ce que je veux ! » dit-elle.

Comme son grand frère de 15 ans, Amélia nourrit le projet, elle, de devenir médecin. Aussi loin que remontent ses souvenirs, cette jeune fille en classe de cinquième a envie de « sauver ». Pour l'heure, elle se renseigne. Elle regarde sur TikTok des documentaires en relation avec la médecine et y découvre des histoires fabuleuses qui détaillent son futur métier. « Les réseaux sociaux, il faut faire attention », lui a-t-on pourtant dit à la Maison-Rose. Mais ce ne sont pas les mises en scène d'elle-même ou de ses copines qui intéressent Amélia : elle me montre son petit écran. Elle est passionnée par la possibilité d'accéder « au monde de quand [elle sera] grande ».

Celui d'une femme médecin, qui sauve.

Zakaria la trouve courageuse. Lui, il aime sauver, mais pas les êtres vivants ! Depuis toujours, ce sont les objets qu'il répare. Sa passion a commencé tout petit avec les vélos, quand il aidait un voisin, Mirco, ami des Sénardes qui avait un garage. Dès que possible, le mercredi après-midi, il courait au garage. Sa mère, occupée à faire des ménages dans des appartements ou des bureaux de la ville, laissait faire, heureuse que Mirco s'occupe de son garçon. Depuis, le garage s'est agrandi et Zakaria a grandi. Il est à présent élève en deuxième année de bac pro mécanique, en alternance chez Renault. Un parcours et des lieux parfaits pour lui. Les profs sont intéressants, expliquent bien. Il a 16 de moyenne. D'ailleurs il ne faut pas qu'il tarde car il doit réviser un oral pour demain. Le directeur, de son côté, ne veut pas le laisser partir : des élèves comme lui sont si précieux que mieux vaut les garder ! Or Zakaria est un peu tenté de s'éloigner, de trouver un établissement plus spécialisé. Son chemin depuis Mayotte a été si long que quelques kilomètres de plus lui importent peu.

Amélia et Antonina entrent et sortent de la Maison-Rose. Lara a eu la réponse de son professeur : il trouve sa lettre de motivation très convaincante, pense qu'elle a des chances d'être sélectionnée pour cette classe préparatoire qui augmente réellement les chances d'étudier à Sciences Po d'ici deux ans. Le sourire qui illumine son visage atteint chacun de nous.

Tous trouvent normal le sentiment qu'a Lara de ne manquer de rien. Eux-mêmes, grâce aux animateurs des Sénardes, pensent que quand « on est ensemble, on est bien ». « Ma vie ici, elle est cool, assène Zakaria, ajoutant : La maison de quartier, c'est ma deuxième maison. » Depuis son arrivée en France – il n'avait pas 10 ans –, il est d'ailleurs là tous les soirs, se sentant chez lui dans toutes les salles.

Seule Antonina émet une réserve. « Moi, je manque de quelque chose, annonce-t-elle à ses camarades. Je manque d'amour. » Parce qu'une amie de toujours ne lui adresse plus la parole. « Elle s'est mise à ne parler qu'à une autre et je ne sais pas pourquoi car on se disait tout… » regrette-t-elle. La blessure ne se referme pas.

Les rêves qui l'habitent ? Antonina adorerait essayer le ski.

À tous « ses » enfants, Hélène a montré la mer. Elle n'a pas encore montré la montagne.

7

À Caen
Le combat pour les jeunes des quartiers sensibles

Un mercredi après-midi, au nord-ouest de Caen, je découvre La Pierre-Heuzé, un quartier où l'on ne peut venir au hasard d'une promenade. La mairie y soutient le centre d'animation Mieux-vivre et détente, une association qui accompagne près d'un millier de jeunes.

Au sein de ce quartier, délimité au nord par le boulevard périphérique séparant Caen de sa voisine Hérouville-Saint-Clair, se trouve une enclave, presque ronde, qui est l'un des territoires sensibles de la ville, répertorié aujourd'hui comme un quartier prioritaire de la politique de la ville. Les habitants ayant l'habitude de dire que la forme de cet espace s'apparente à un rognon, c'est ainsi qu'ils l'appellent.

Le nom originel de l'endroit était plus bucolique. Il avait été inspiré de la carrière de pierres de Caen créée par un certain M. Heuzé, à une époque où le secteur avait une vocation agricole. Comme à Meaux, comme à Caen, les années 1950 ont été florissantes ici, tout n'était que croissance, augmentation de la population et construction de logements pour les familles. Au milieu des années 1970, une nouvelle zone de 1 500 habitations toutes neuves a même été aménagée. Le quartier de La Pierre-Heuzé faisait alors la fierté de ses urbanistes.

Personne n'imaginait les importants problèmes sociaux qui le frapperaient à la fin des années 1990. Et depuis, comme ailleurs en France, La Pierre-Heuzé est l'un des tristes exemples de la précarité que la concentration de l'habitat social a générée.

Nous sommes le 8 mars. C'est la journée internationale des droits des femmes. Qui, justement, sont nombreuses à élever ici leurs enfants, confrontées aussi, parfois, aux difficultés des « primo-arrivants », une population immigrée fortement représentée.

Le responsable du centre Mieux-vivre et détente me rapporte les difficultés scolaires qu'il constate parmi les jeunes : absentéisme, difficultés à s'exprimer des personnes allophones, échec scolaire, comportements déviants, forte agitation, manque de confiance en soi, nombre important d'enfants en situation de handicap. Il évoque aussi les incivilités du quartier – rodéos urbains, trafics, tirs de mortier – qui, avant même la crise sanitaire du Covid-19, engendraient un sentiment d'insécurité. Depuis deux ans, trois homicides ont terni encore un peu plus l'image de La Pierre-Heuzé.

Pour exfiltrer les jeunes de ce territoire explosif et leur ouvrir un avenir meilleur, l'association travaille sans relâche. Un combat difficile, mais essentiel, même si, depuis la crise sanitaire, on assiste au repli des familles. Parmi les enjeux de première importance, offrir aux adolescents des échappées d'une journée, puis d'un week-end entier, et enfin, lorsque l'idée de les laisser partir n'inquiète plus les parents, d'une semaine de vacances.

Ma rencontre avec certains jeunes permettra-t-elle de mieux cerner leurs besoins et de réfléchir aux solutions dont ils pourraient se saisir ?

Asma, prisonnière

« Le collège, c'est la pire expérience de ma vie. »

Asma, 15 ans, Caen.

« Toute seule ? Je vais parler toute seule ? » J'entends une petite voix inquiète et je comprends que cela me concerne. C'est celle d'Asma s'adressant à Allan, un animateur du centre d'animation de La Pierre-Heuzé. Son angoisse vient du fait qu'il lui est compliqué de se présenter à un entretien et de s'exprimer oralement en raison d'une petite difficulté d'élocution : elle parle très vite et mange un peu ses mots. À première vue, il semblerait qu'elle ait trop à dire, qu'elle soit particulièrement sensible et vite débordée par ses émotions. Je la rassure : pour moi, la sensibilité est une qualité.

Allan nous conduit vers la grande salle qui sert aux multiples activités de travaux manuels, aux devoirs aidés, au goûter. Puis il nous laisse toutes les deux. La pièce est à nous. On s'y sent bien.

Asma est la plus jeune d'une famille de quatre enfants. Elle a trois grands frères. Comme elle, ils ont grandi à La Pierre-Heuzé et ont fréquenté le même collège. Depuis septembre, elle est inscrite dans un lycée d'Hérouville où elle apprend les métiers de l'horticulture. Ses parents ont longtemps vécu en harmonie, mais, maintenant, ils sont séparés.

Je lance la conversation, comme avec chacun des adolescents rencontrés cet hiver, et lui explique les objectifs de la rencontre : parler de sa vie, pour que je puisse mieux comprendre les difficultés de sa génération et imaginer des solutions.

Asma pointe le doigt vers le collège. Et assène : « C'était la pire expérience de toute ma vie ! » S'ensuit un récit de pleurs quotidiens, de méchanceté permanente. Avec une rentrée en sixième vécue comme une catastrophe, le regret de ne plus voir la maîtresse d'avant qui comprenait ses difficultés, la douleur de ne pouvoir étudier aussi bien que les élèves en raison de ses – légers – dysfonctionnements d'apprentissage, lesquels n'avaient jamais jusqu'alors empêché le déroulement de sa scolarité. Or, en sixième, elle ne suivait plus. « Je suis rentrée dans ma bulle », dit-elle pour résumer le collège.

Je demande si sa famille la soutenait. « Ils sont tous gentils. Mes parents, mes frères, ils sont tous adorables, répond-elle. Mais, à l'école, on se moquait de moi à cause des notes. » Surtout les garçons. Dans la cour de récréation comme dans les couloirs, Asma captait bien les railleries, les jugements, mots missiles destructeurs. Toujours, les mots « nulle », « attardée », « grosse », avec un « gros nez » planaient au-dessus d'elle.

Pour que le harcèlement cesse, ses parents sont allés voir la direction du collège à plusieurs reprises. Un jour, un des grands frères s'est énervé devant quelques garçons, qu'il a tenté d'intimider à la sortie des classes. Heureusement, se souvient Asma, cela n'a pas dérapé.

Sa maman, ne supportant ni tant d'injustice ni de voir sa fille souffrir, a pris conseil auprès de la maison de quartier. L'un des responsables est intervenu, en portant ces actes à la connaissance de la direction de l'établissement. On a recommandé à la mère d'Asma de conduire celle-ci chez une psychologue. Ce qu'elle a fait. L'adolescente s'est mise à formuler les choses autrement : « Ils me tapaient parce que j'étais différente d'eux ! » Sans cette dame, elle n'aurait pas réussi à s'en sortir, confie-t-elle.

L'ennui, c'est que les agressions ont repris plus tard. En quatrième, les choses ont même empiré.

J'essaie de comprendre si les interventions extérieures ont fait reculer l'agressivité des élèves. Et je découvre que leurs effets positifs, notables, ont été de courte durée, ce qui a conduit l'adolescente à renoncer. Elle ne se battrait plus. Quand l'animateur de la maison de quartier est parti pour un autre poste, il a été remplacé par une personne tout aussi gentille, mais Asma n'a pas voulu lui confier quoi que ce soit. Tout redire, tout recommencer, repartir à l'assaut ? Elle n'y croyait plus. À ses yeux, les moqueries, les bousculades, et parfois les coups (Alma les dit fréquents) relevaient de la fatalité. Il n'y avait plus rien à espérer. Juste que cela s'arrête. En imaginant le pire.

Tout a chaviré et son mal-être s'est accru quand « un problème familial » l'a obligée à manquer l'école trois mois. Un de ses frères s'est battu pour une raison dont elle ne connaît pas les détails et « a tué quelqu'un dans une bagarre ». « Il est parti en prison. Bientôt il sera jugé », dit-elle, imaginant un règlement de comptes lors d'un guet-apens. À son retour en cours, son statut a changé. Et empiré : désormais, elle est la sœur du meurtrier, de celui qui a commis l'un des trois homicides du quartier. « À l'école les gens m'en voulaient. Ils disaient que j'étais une criminelle, d'aller crever. »

« Ignore-les et ça va aller », lui conseillait la directrice adjointe du collège qui voyait que la jeune fille supportait de plus en plus mal ces violences. Mais comment les ignorer ? Asma revenait déçue de ses passages dans les bureaux des responsables, où elle espérait être enfin défendue.

« J'ai dû supporter ça pendant quatre ans ! » dit celle qui, régulièrement au cours de notre discussion, revient sur son quotidien marqué par une dizaine d'êtres impitoyables. Elle poursuit : « En quatrième j'ai commencé à sombrer. Je me suis scarifiée. Je me coupais aux toilettes entre les cours, sous mon sweat, en pensant que j'allais peut-être mourir pendant le cours d'après. Je voulais être en paix. Je rêvais de mourir. »

Je demande à Asma comment lui est venue l'idée d'un tel geste, et de quelle manière elle a d'ailleurs connu le mot « scarification ». Sa réponse, précise, indique ce qui a inspiré cette automutilation : « C'était en sixième, en SVT. Il y a eu un cours sur la vie des adolescents, et la prof a parlé de ceux qui allaient mal et se scarifiaient ; après j'y ai repensé et je l'ai fait. »

Toujours sur l'impulsion de sa mère, Asma est envoyée consulter un psychologue et un médecin. « Il a pansé mes plaies, m'a donné des crèmes, et des médicaments. » Qu'elle a pris quelque temps, mais ne sait plus combien, et arrêtés en troisième quand ça allait mieux. Une amélioration qu'Asma attribue à deux choses : « La psychologue, chaque samedi, me faisait énormément de bien. Elle me disait que tout ça était éphémère. Elle croyait en moi. Mais surtout, en troisième, je voyais la fin ! Le collège allait se terminer, bientôt je partirais, et l'idée me rendait heureuse. »

Cette perspective puis la sortie du collège elle-même, pour cette jeune fille beaucoup plus intelligente qu'elle ne le croyait, bien plus capable que les autres le pensaient, ont marqué la fin des scarifications. Plus elle avançait dans l'année, plus Asma arrivait à se défendre, à trouver des alliés en classe, à parler à des adultes de l'établissement qui lui « remontaient le moral », à trouver des amis qui ne la jugeaient pas bête, difforme ou inférieure en quoi que ce soit.

Quand est venue l'heure de l'orientation, Asma a décidé de se présenter à un CAP d'horticulture. Son deuxième choix était la cuisine, son troisième, la blanchisserie. Elle a obtenu son premier vœu. Au lycée, elle a cessé d'accumuler les notes catastrophiques qu'elle avait en début de collège. Depuis quelques mois, elle est même devenue une élève joyeuse. Avec des amis et des camarades « adorables ». L'horticulture, elle aime « un peu ». « Mais en vrai c'est pas ouf », avoue-t-elle, sincère.

Son vrai projet est ailleurs.

Devenir « gardien de prison ».

Ses motivations, elle les explique ainsi. Après avoir rendu visite, avec son père et sa mère, à son frère pendant un an tous les week-ends, elle s'est rendu compte qu'elle était « impressionnée par les gardiens ». « Eux, ils pouvaient voir mon frère quand ils voulaient, moi, non. Et j'ai eu envie de faire comme eux. Ils ouvrent la porte, ils communiquent avec les familles, ils les aident. Moi aussi j'aime communiquer avec les gens, les aider. Ça me rendrait vraiment fière de faire ce métier. »

Asma va terminer son lycée pour aller au bout du processus scolaire. Sa maman y tient. Mais après, elle passera un concours. Et sait qu'elle pourra en parler au centre d'animation Mieux-vivre et détente et se faire aider.

« Depuis toute petite, je viens ici. J'y ai fait mes devoirs, des sorties à la plage, et j'ai pu y parler de mes problèmes. Mon enfance ici, c'est inoubliable. »

Asma me dit, enfin, que c'est cet endroit qui l'a sauvée.

Semih, Rahim et Atlan,
qui n'inquiètent pas leurs parents

« La double culture nous rend plus forts. »
Semih, 15 ans, Rahim, 14 ans,
Atlan, 13 ans, Caen.

Pour Semih, Rahim et Atlan, la vie est plutôt joyeuse à La Pierre-Heuzé.

Alors qu'Asma s'en retourne chez elle, je vois arriver trois garçons volontaires, au lieu de Semih seul, comme il était prévu. Les voilà qui prennent place autour d'une table ronde. Semih avait envie que ses amis puissent témoigner. Comme lui. Hélas ils ont peu de temps car un match de foot les attend. Mais tous trois ont un message commun à faire passer. Qui les rassemble : ils sont d'ici et d'ailleurs.

« Je suis né ici, à Caen, et j'ai grandi à La Pierre-Heuzé, mais j'ai la double nationalité, commence fièrement Semih. Mes parents sont turcs. Quand j'avais 6 ans, avec toute ma famille, je suis allé en Turquie ; pour mon père c'était important. Ici, il est artisan maçon, mais là-bas, avant de partir, il était ingénieur. Et comme il sait tout faire, il croyait qu'il pourrait avoir une meilleure vie en retournant au pays. » L'ennui, selon l'adolescent, c'est que sa mère n'était pas d'accord. Au bout de tant d'années en France, elle s'était habituée. Semih, lui, adorait être « au bled ». Quand il prononce ce mot, il est d'ailleurs rayonnant. « On était dans la montagne, à deux minutes de la ville », ajoute-t-il. Et là, se trouvait sa famille. Son grand-père, et depuis quelques années son grand frère et sa grande sœur, revenus sur place, où ils sont partis à l'université et devenus traducteurs. Son cœur est là-bas. Et lui est conscient que cette double culture constitue une richesse.

Atlan, en classe de cinquième, est de deux ans son cadet. « Je suis né dans un pays en guerre, la Tchétchénie ; je suis arrivé en France à l'âge de 1 an, explique-t-il. Alors moi, c'est différent : je me sens d'ici mais surtout de Grozny. »

Quant à Rahim, en troisième, né ici comme Semih, il vient du Pakistan. Lui, son problème, c'est la langue. Quand il était petit, tout allait bien : il parlait français, il se sentait d'ici. Mais un été, sa famille est partie dans son pays d'origine un peu plus longtemps que les deux mois de congé. Et Rahim a oublié sa langue d'adoption. Revenu en France, il lui a fallu rattraper son retard afin de ne pas être perdu à l'école. Pour y arriver il a décidé de ne parler qu'en français à ses parents. Si en classe c'était parfait, cela a fini par le bouleverser. « J'ai réalisé tout à coup que j'avais perdu ma langue, l'ourdou », dit-il, ému.

Le temps est compté, les trois garçons doivent bientôt partir. Mais leur message devait passer : ils sont français et étrangers. Et une chose en lien avec ce tiraillement rend leur vie compliquée, tout en leur insufflant une force incroyable.

Le week-end par exemple, leurs parents voient des amis de leurs pays d'origine et chacun, ensuite, à La Pierre, commente les fêtes ou les repas. On parle de la cuisine aux saveurs tellement bonnes, de l'ambiance de ces moments, plus joyeuse que celle qu'ils perçoivent des familles d'ici. Ils ne savent dire pourquoi, mais le constatent : leur double culture les renforce. À l'école, tous les trois travaillent bien et n'ont aucun conflit avec leurs camarades.

Ces adolescents ne se sentent quasiment jamais seuls. Si cela arrive, ils s'appellent. Et se retrouvent sur leur lieu naturel de rendez-vous : le centre d'animation. Dehors, plus précisément. Je comprends rapidement qu'il s'agit de se voir pour faire des bêtises. Pas des « grosses », précisent-ils, car aucun ne veut faire de peine à ses parents. Semih interroge ses deux amis : « On dit la vérité ? » Bien entendu, les « complices » acquiescent : « Le pire que nous faisions ensemble, c'est escalader les toits. » Pendant les vacances, pendant l'année, ils pratiquent en effet cette activité. Discrètement. « On est très prudents, on ne veut pas tomber », précisent-ils, songeant encore à leurs parents. Pour me convaincre de sa sincérité, Semih m'explique le respect qu'il a pour son père et pour sa mère, qui se donnent tant de mal. Quant à Rahim, son père est décédé un an auparavant et sa maman doit pouvoir compter sur lui. Atlan, lui aussi, se montre – enfin, se dit – raisonnable. Pour eux, il s'agit, comme dans tout sport, d'éprouver de l'adrénaline, et de voir la ville – la vie ? – de plus haut.

Nous entamons alors un jeu, moins acrobatique, pour terminer la rencontre sur une note légère : s'ils gagnaient 1 000 euros au loto, que feraient-ils de cet argent ?

Rahim ferait de la spéculation. Semih, lui, achèterait un scooter. Quant à Atlan, il garderait la somme pour se payer le permis, dès qu'il en aura l'âge. Rahim, renchérit : lui, il s'offrirait et le permis, et une voiture !

Mais le permis, pour aller où ?

Aucune hésitation. Rahim veut aider sa mère. « Elle a besoin qu'on l'accompagne pour les courses. » Il souhaite aussi se rendre au-delà du quartier, se promener, aller à la plage, à Paris, à Strasbourg. Comme Semih, et Atlan.

Ces rêves feraient plaisir aux animateurs du centre qui se démènent pour proposer aux familles des moments d'évasion. Des sorties qu'ils amènent progressivement en suggérant d'abord des journées, puis des week-ends, ensuite des semaines entières. Tout le monde ne ressent pas l'envie de bouger, mais les garçons réunis devant moi sont portés par des histoires, dans des contrées lointaines qui nourrissent leurs propres rêves et stimulent leur volonté.

Leurs projets d'orientation parlent d'eux-mêmes. Semih, qui surveille de près ses excellentes notes, va terminer son lycée en filière générale, et ambitionne d'accéder à une bonne école pour devenir ingénieur du bâtiment. Après, il créera une entreprise avec son grand frère.

Atlan, tout aussi ambitieux, veut travailler chez Google.

Quant à Rahim, son amour des mathématiques le porte à privilégier les matières scientifiques pour son orientation ; il veut devenir expert-comptable. Il verra plus tard au service de quelle entreprise, la sienne ou ailleurs. Sa mère n'a aucun souci à se faire, il sera toujours auprès d'elle.

8

À Rocamadour
Des exploitations agricoles à reprendre

J'ai souvent traversé le Lot en voiture. Depuis ma ville natale, arrivée à Rocamadour, j'avais fait la moitié du chemin pour Brive-la-Gaillarde. Ceux qui ont emprunté ces routes connaissent leurs légendaires séries de virages. Mais Rocamadour, au cœur de la vallée de la Dordogne, reste l'un des plus beaux villages de France. D'une exceptionnelle verticalité, ce site emblématique du département est, pour les pèlerins du monde entier, une étape sur le chemin de Saint-Jacques-de-Compostelle. La cité mariale est même parfois inscrite sur le parcours du Tour de France. À l'été 2022, les coureurs, partis de Copenhague, y ont d'ailleurs effectué un contre-la-montre.

À l'ombre de cette renommée vivent et travaillent des fermiers à la vie dure, car cette vallée est aussi une région agricole. 40 % des terres sont consacrées à l'agriculture. Si, dans le département, la diminution du nombre d'exploitations est moins forte qu'ailleurs, quatre sur dix ont un avenir incertain. Et leur reprise par les enfants loin d'être garantie.

Ici, on produit des noix, des truffes, des melons, de l'agneau fermier, du safran, du vin, du foie gras et, bien sûr, le fromage de Rocamadour. En occitan, on parlait, avant, du cabécou de Rocamadour, fromage qui se nomme plus simplement le Rocamadour depuis l'obtention d'une appellation d'origine contrôlée (AOP). Sa longue histoire remonte à l'époque où la dîme pouvait être prélevée sur les récoltes et les productions, et donc réglée en fromages. On raconte aussi que les moines cisterciens qui vivaient dans la cité mariale sont à l'origine de l'essor de sa fabrication et de sa consommation en incitant leurs ouailles à manger des produits fromagers plutôt que de la viande, se transformant en premiers promoteurs de ce chèvre au lait cru.

De mon côté, je suis venue rencontrer Clara, fille d'un éleveur de chèvres et producteur du fromage. Une adolescente qui ne reprendra pas la ferme familiale.

Clara veut de la légèreté

> « Les agriculteurs ou les éleveurs se suicident plus car ils ont une vie plus dure et un métier qui n'est pas valorisé. »
>
> Clara, 16 ans, Souillac.

Bastien me vend une boîte de douze petits Rocamadour, fromages dont il est fier. Près de lui, sa fille Clara l'aide. Avec ses deux cents chèvres, il travaille dur toute la journée. Et, depuis une dizaine d'années, ne trouve aucun jeune motivé et bien formé qu'il pourrait embaucher.

C'est pour cette raison que l'adolescente de 16 ans a toujours vu son père seul à la tâche. Et elle veut me raconter.

Quand ses parents étaient encore ensemble, tous deux se chargeaient de l'exploitation. Mais lorsque le couple s'est séparé, le père n'a engagé personne. Clara et son grand frère ont donc pris l'habitude de l'assister dès que possible. Son rôle à ses côtés fait tellement partie de sa vie qu'elle ne sait plus par où commencer pour en parler. Dès qu'elle avait un peu de temps, elle donnait du foin aux chèvres, les emmenait pâturer, s'occupait de la traite… Son quotidien jusqu'à cette année 2022 où elle est partie en internat pour préparer son bac professionnel.

Tout ce qu'elle a fait, c'était avec plaisir. Et par gentillesse. Voir son père manquer de bras ne la laissait pas indifférente. « L'élevage, c'est un très beau métier, mais il faut le faire avec passion ou ne pas le faire du tout », dit-elle. D'abord parce que c'est tous les jours, sans exception. Son père se lève un peu avant cinq heures du matin, termine sa journée à dix-neuf heures, et, entre-temps, n'a quasiment aucun instant de répit. Des journées très longues, qui ne se terminent même pas après le dîner car « il y a les papiers à faire », explique-t-elle. Un quotidien trop exigeant. À l'entendre, je devine que le risque d'être à bout de forces serait pour elle trop grand si elle en faisait son métier. Aussi, Clara a décidé de ne pas suivre cette voie. Elle qui aime parler, faire plaisir, plaisanter fera un métier de service, dans la restauration, en salle, au contact des clients. Une vie plus légère qui ne risque pas de la confronter aux catastrophes naturelles qui tombent sans prévenir et qu'on ne peut maîtriser.

La vie à la ferme est, logiquement, soumise à la météo et aux réglementations qui tombent comme la pluie. « Qu'on les anticipe ou que ce soit imprévisible, dans tous les cas on subit. Si on coupe le foin, et que juste après il pleut, c'est fichu, on doit le jeter. Si une réglementation nouvelle intervient sur l'usage des pesticides, c'est pareil. Résultat : il y a beaucoup de travail en plus, beaucoup d'argent en moins. C'est dur. Alors j'essaie d'aider mon père autant que je peux », me confie-t-elle.

Voilà comment elle est arrivée à l'adolescence sans jamais rien demander. Ne surtout pas déranger ses parents. Comment les choses s'organisaient-elles avant la pension ? De quelle façon se déroulaient le lever des enfants, le petit déjeuner, l'habillage avant d'aller à l'école, alors que Bastien était déjà au travail ? « On avait des réveils, et on se débrouillait, mon frère et moi. Tout seuls », raconte Clara. J'engage une discussion un peu détaillée sur ce que la petite fille faisait dans la cuisine. Bien que consciente d'être à ses yeux une maman de la ville, je constate que l'adolescente a déjà analysé la différence de quotidien entre les enfants d'agriculteurs et ceux des autres. Ce qui ne provoque ni fierté particulière, ni gêne chez elle. C'est juste ainsi.

À 6 ans, préparer seule son petit déjeuner ne lui posait aucun problème, mais elle aimait les jours où elle était fatiguée ou malade (« Il n'y en avait pas tant que ça ») parce qu'ils lui permettaient de paresser un peu ! Lorsque je demande si ce niveau d'autonomie n'était pas trop éloigné de celui de ses amies, elle s'esclaffe : « Oui, bien sûr, ça n'a rien à voir ! Tenez, quand je suis arrivée à l'internat j'ai rejoint une chambre de six, et le lendemain, une amie m'a demandé si je pouvais l'aider à faire ses lacets ! »

Cette façon de vivre a marqué son existence. Par exemple, quand elle allait voir sa mère, devenue factrice et chez qui elle habitait une semaine sur deux lorsqu'elle était au collège, Clara se réveillait tôt le matin tout et la laissait dormir : « Elle commençait à huit heures trente, moi plus tôt, alors je me levais seule ; franchement, le matin, c'est mieux qu'elle dorme ! »

Clara n'éprouve aucun regret d'avoir eu des parents très occupés, mais m'explique que, pour sa propre vie, elle n'a d'autre ambition que la légèreté ! Elle a eu la chance de ne pas connaître d'agriculteurs épuisés dans son environnement proche, mais cette inquiétude existe. Car de telles histoires circulent. Pour lesquelles elle a une explication : « Les agriculteurs ou les éleveurs se suicident plus car ils ont une vie plus dure, et un métier qui n'est pas valorisé. »

Plus tard elle veut aussi des vacances qui, à la ferme, sont rares quand elles ne se résument pas à des week-ends. « On n'aime pas partir une semaine. On est plutôt du genre à s'en aller deux jours pour faire du canyoning alentour, lorsque Garance vient aider », explique-t-elle. Garance est une jeune voisine âgée de 18 ans inscrite au lycée agricole de

Figeac, qui sait tout faire et même remplacer Bastien lorsqu'il s'absente. Une personne rare.

Je salue et remercie Bastien, qui a libéré Clara pour notre entretien alors qu'elle était occupée à la vente des fromages. Content qu'elle ait pu livrer son témoignage, il nous rejoint quelques minutes et dit ce que lui inspire cette jeunesse. « Il faut faire en sorte qu'ils aient envie de s'engager dans le métier, pense-t-il. Mais qui peut avoir le courage, dans les conditions actuelles, à l'exception de Garance ? » La jeune femme est la seule qu'il ait rencontrée et qui soit capable de tenir une ferme comme la sienne. « Après ses études, elle va s'installer avec moi », annonce Bastien, tout sourire. Le premier que je vois sur son visage durant ce moment passé ensemble. Un sourire inspiré par la promesse d'une aide bienvenue, d'un avenir pour le métier et d'un coin de ciel bleu pour lui.

« Elle le fait avec passion », conclut Clara, heureuse que Garance existe.

Bastien va pouvoir tenir encore un peu.

9

À Ajaccio
Le poids du confinement sur une île

C'est à Ajaccio que j'achève ce voyage de rencontre avec des adolescents. J'y suis accueillie par une amie, Julia, professeure de collège et ancienne élue de la ville.

Nous sommes un an, presque jour pour jour, après l'agression mortelle en prison d'Yvan Colonna, détenu à la maison centrale d'Arles pour l'assassinat du préfet Érignac. Un événement qui a bouleversé la jeunesse ajaccienne puisque le mardi 8 mars 2022, 300 élèves des lycées Lætitia-Bonaparte, Fesch et Saint-Paul se sont mobilisés en soutien à la famille de l'ancien militant indépendantiste. Des échauffourées ont éclaté devant la préfecture de région, entre les forces de l'ordre et des militants défilant derrière une banderole portant l'inscription « *Statu Francese Assassinu* » (« État français assassin »). Une poignée de manifestants a aussi pris la parole devant les grilles des lycées Fesch et Lætitia-Bonaparte, dénonçant la responsabilité de l'État qui a placé dans la cellule d'Yvan Colonna un codétenu radicalisé.

Chez les jeunes Ajacciens, l'attachement à la Corse passe souvent, en 2022 et aujourd'hui encore, par une prise de parole politique qui dénonce ce qu'ils considèrent comme une injustice les accablant. Pourtant, ici, les homicides ne sont pas rares, surtout en comparaison avec les chiffres des autres villes du pays. Et le fait que chaque adulte connaisse quelqu'un qui connaît quelqu'un qui a été tué, que chacun puisse citer le nom d'une rue proche de chez lui où une victime a été abattue n'a rien d'exceptionnel. Malgré tout, la jeunesse vit avec le sentiment d'être davantage en sécurité sur l'île que ceux qui vivent sur le continent.

Selon les élus que j'ai rencontrés, l'explication serait culturelle : aucun danger particulier ne menacerait les enfants *a priori* et une tradition de respect de la femme prévaudrait, ce qui contribuerait à préserver la jeunesse du sentiment de violence.

La Corse reste aussi traumatisée par l'épidémie de Covid-19. De fait, elle a figuré parmi les régions les plus durement touchées. Or, pour ce territoire qui vit largement du tourisme, être coupé du monde a eu des répercussions économiques majeures. En mars 2020, toute l'île s'est sentie fragilisée.

La poitrine serrée, l'enseignante qui me reçoit chez elle évoque le souvenir du bateau de l'armée aperçu depuis sa fenêtre, transformé en dispensaire de fortune destiné à convoyer des malades infectés vers plusieurs hôpitaux des Bouches-du-Rhône. Un de ses amis se trouvait à bord.

Dans ce qui fut la première région confinée, la peur ressentie par les collégiens et les professeurs était décuplée.

J'ai rencontré l'un d'eux. Il était alors élève d'un des collèges de la cité impériale.

Paul-Antoine n'était pas seul

> « Ma prof m'a dit combien elle croyait en moi. Sa bienveillance a déclenché quelque chose. »
>
> Paul-Antoine, 15 ans, Ajaccio.

« Ça a commencé avec le Covid. La peur de l'avoir, les médicaments, les médias qui ne faisaient qu'en parler, j'étais stressé. J'ai développé des TOC. Avec le confinement, ils sont devenus très envahissants. Je devais marcher en avant, revenir en arrière ou, la nuit, me lever onze fois, vérifier qu'il n'y avait personne, boire deux fois. Je ne pouvais pas toucher la nourriture avec mes doigts, je prenais les chips avec des serviettes en papier. Mes TOC ont duré jusqu'à l'arrêt du confinement. J'ai été suivi ; je ne sais pas si c'est ça ou l'arrêt du confinement, mais ils ont fini par disparaître. »

C'est ainsi que Paul-Antoine, discret mais déterminé, raconte ce qu'il a vécu il y a trois ans.

En cette fin de journée de mars, malgré le froid, nous sommes attablés en terrasse, au bistro Abbatucci. Dans la salle de restaurant il n'y a personne. Comme si elle avait été libérée afin que Paul-Antoine puisse dévoiler son histoire sans témoin. Une histoire dont j'ai eu des bribes par sa mère et mon amie Julia, qui a été sa professeure. Je sais donc que les années collège ont été, pour lui, une grande souffrance. Mais aussi qu'il s'en est sorti et est prêt à témoigner. Sa professeure lui a d'ailleurs dit que cela pourrait aider d'autres adolescents.

En mars 2020, Paul-Antoine se trouvait en classe de quatrième quand la menace d'une pandémie a, en quelques jours, bousculé son quotidien et entraîné l'apparition de TOC chez lui. Avant, persuadé d'aller bien, jamais il ne s'était interrogé sur son équilibre psychique. Certes, ses parents ont divorcé, mais autour de lui, il n'est pas le seul dans ce cas. Garçon sportif intéressé par les arts plastiques, il s'est toujours bien entendu avec sa grande sœur, est entouré d'amis, filles et garçons. Une vie d'adolescent tranquille à Ajaccio. Aussi, quand il commence à aller mal, il ne comprend pas. Tout juste est-il effrayé d'avoir des comportements nerveux impossibles à expliquer. Surtout, il découvre vite qu'il en est prisonnier et, après quelques semaines, qu'ils sont incontrôlables et qu'un mal-être de fond le gagne.

Une consultation à l'hôpital finit par lui révéler que son état n'est pas seulement lié au Covid. Il ne va pas bien. « C'est à ce moment-là que j'ai commencé à vriller », confie Paul-Antoine avec une distance qui prouve qu'il est, désormais, un jeune homme guéri. Son expression traduit le soulagement qu'il ressent à pouvoir être aujourd'hui attablé à la terrasse de l'Abbatucci, en face de moi, un verre de Coca à la main, pour parler de cette souffrance au passé. « J'ai commencé à avoir des idées noires, à me mutiler », poursuit-il – les « idées noires » est l'expression des pédopsychiatres pour évaluer le risque suicidaire. Paul-Antoine a été hospitalisé. Non à la première, mais à la seconde consultation, ce qui l'a projeté dans un périple psychologique dont il aurait pu ne jamais revenir indemne. Car si l'hospitalisation guérit, elle fait également mal : elle marque. Et elle guérit si on saisit l'occasion de mieux se connaître et de se construire avec sa propre sensibilité. Pour autant, une hospitalisation à cet âge constitue une immense violence. Les services d'adolescents manquent de moyens, il n'est pas rare que les infirmières aient en charge jusqu'à quinze patients ; aucune architecture de locaux pensée pour eux n'existe.

Si, dans les services de pédiatrie aux couleurs pastel, le décor est pensé pour les enfants, pour les jeunes adolescents, il n'y a rien d'adapté, excepté dans certains services d'hôpitaux de grandes villes. Paul-Antoine se souvient des lourdes portes que les infirmiers fermaient avec des trousseaux de clés qui faisaient du bruit lorsqu'elles cognaient la partie métallique de la porte, des fenêtres qui ne s'ouvraient pas, de l'absence de distractions, de la peinture grisâtre qui se décollait. Chaque jour, une tablette numérique empruntée au service de pédiatrie était mise à sa disposition quelques heures. Avec un seul programme : Gulli, la chaîne de dessins animés montrant des enfants joyeux poussant des cris stridents. Et un jeu : le solitaire. Parce que le mal-être des adolescents est un angle mort des politiques de santé publique, les services dans lesquels ils sont accueillis sont rarement équipés pour eux.

Le plus difficile, c'était le temps. Les heures longues, si longues. Paul-Antoine décrit son ennui comme mortel. Après un mois, il a pu revenir chez lui. Mais pas à l'école, puisqu'elle était encore fermée.

Au retour, il a compris combien cette hospitalisation avait marqué ses proches. Une première pensée l'a gagné : il avait attristé sa famille. Entre un mal-être qui avait diminué d'intensité sans être passé, la culpabilité de faire de la peine et le spectre de l'hôpital comme unique issue à court terme s'il n'allait pas mieux, Paul-Antoine n'avait rien pour se projeter dans la reprise d'un quotidien normal. Alors les crises sont revenues. Et il n'est plus sorti. Ou seulement pour échapper à ses parents. « Ils ne savaient pas me gérer », dit-il, tout en précisant être conscient qu'ils faisaient leur possible. Alors il a mis en place une routine. Vers trois heures du matin, il s'endormait chez sa mère, puis à quinze heures il se levait, mangeait quelque chose de sucré et partait dans l'appartement de son père, où, durant l'après-midi, il n'y avait personne. Le soir, il rentrait au domicile maternel, s'installait dans sa chambre, seul, pour attendre son heure de coucher.

Un rythme et une vie qui ont vite été insupportables. Paul-Antoine est donc reparti à l'hôpital. Une fois jusqu'à son anniversaire. Une autre à la fin de l'année scolaire, une troisième hospitalisation pire que les précédentes car, un patient ayant attrapé le Covid, pour des raisons sanitaires, l'adolescent n'a pas pu sortir de sa chambre pendant un mois. Paul-Antoine a retrouvé la tablette avec les dessins animés pour enfants, le solitaire et, dans ce contexte de solitude, entamé un traitement. Qui l'a beaucoup fatigué.

Quitter l'hôpital le hantait. Mais il savait que revenir au collège serait difficile, qu'il devait se reposer. D'autant qu'il était scarifié. De la tête aux pieds. Alors Paul-Antoine s'est fait une raison. Il a accepté de suivre les recommandations du corps médical, sans savoir néanmoins ce qu'il était en train d'attendre. « Peut-être que le temps passe, que le mal passe. » Une attente qui l'a conduit jusqu'aux vacances d'été.

Le mois de septembre est arrivé. Paul-Antoine est rentré en troisième. Avec un programme aménagé. Mais les médicaments l'empêchaient de se concentrer, le brevet le « stressait ». Nouvelle hospitalisation. À sa demande. Il me fait comprendre que chacun de ces séjours visait à lui permettre de « rester en vie ».

Mais, rester en vie au sein d'un hôpital n'avait aucun sens. Les grilles, les fenêtres qui ne s'ouvrent pas, la solitude, l'enfermement au sens propre, il a vite compris qu'il ne pouvait rester ici. Il a alors commencé à envisager de revenir à la vraie vie. Le brevet, la classe, les embrouilles avec des camarades peu bienveillants, après tout, rien ne devrait être aussi difficile que ce qu'il endure.

À Noël, il a « décidé » d'aller mieux. Il s'en est senti capable. Après les vacances, il est donc revenu en cours. « On avait enlevé les masques, se souvient-il. C'était terrible car on ne pouvait plus se cacher ! »

Sa classe n'était pas une bonne classe selon sa professeure. À cause d'un groupe difficile dont personne ne comprenait le fonctionnement. Rien de très grave, mais une tension quotidienne qui mettait Paul-Antoine à fleur de peau. Il a tenu bon, malgré des moments de découragement.

Alors que nous parlons, Julia, qui me l'a présenté, nous a rejoints. Il se remémore la fin d'un cours où il est allé la voir en lui disant que la pression était trop forte, sa vie, foutue, qu'il n'y arriverait pas. « Pour moi, c'était gravé dans la pierre, j'étais fou », me confie-t-il. Mon amie m'avait déjà raconté que Paul-Antoine lui avait dit qu'« il avait fait de l'HP » et que « c'était fini pour lui ».

Or cette professeure n'est pas du genre à laisser le découragement s'abattre sur un élève. Tous deux ont parlé. Elle lui a expliqué combien elle croyait en lui et l'a assuré qu'il allait s'en sortir. Ce qu'elle pensait profondément. La bienveillance a produit ses effets, la conversation, déclenché quelque chose chez ce garçon à l'affût d'une main tendue.

Deux événements, dont il se souvient avec une émotion contenue mais réelle, lui ont aussi permis de se retrouver.

« Un jour, j'étais chez mes grands-parents maternels avec ma mère et ma tante et je me suis énervé, raconte-t-il. Sur le moment, mon grand-père n'a pas dit grand-chose mais, quelques jours plus tard, ma mère m'a tendu une lettre. De lui. De deux pages. Sur le fonctionnement du cerveau – il était scientifique. Où il me parlait de ce qui était primaire et de ce qui était reptilien, de la façon dont on vit les injustices. Il donnait des explications à mon énervement. J'étais surpris qu'il ait pu m'écrire tout ça, ému de cette attention, intéressé aussi par ses explications. Ça m'a donné envie de m'en sortir. »

Une « énorme chose » a, aussi, été déterminante.

« Un soir, alors que je m'étais scarifié, ma grand-mère l'a remarqué et m'a pris dans ses bras. Triste, elle m'a dit : “Je veux que tu sois heureux, oh, mon petit, je t'aime.” On a un peu pleuré, alors que ma grand-mère a toujours été très pudique, n'avait pas l'habitude de dévoiler ses émotions. Après ce moment et la lettre de mon grand-père, j'ai compris que je ne devais pas me laisser chuter. J'ai arrêté de me scarifier et commencé à reprendre goût à la vie. »

À partir de Pâques, Paul-Antoine a commencé ses révisions en vue du brevet. Il l'a eu, avec mention. Puis a repris sa scolarité et sans plus perdre aucune année.

« Jusqu'à maintenant, ça va », me dit-il. Il sourit.

« C'est passé », ajoute-t-il.

Je pose mon stylo.

Paul-Antoine raconte le lycée. Le sport qu'il pratique avec des amis. « Des nouveaux, et des anciens. Ma classe, cette année, elle est super. »

Pour l'avenir, il hésite. Il aimerait aller étudier sur le continent afin de voir autre chose, puis revenir en Corse et y exercer son métier.

« Pourquoi pas médecin ? Ou pompier ? »

Il est un peu tard. Nous sommes trois à la terrasse du bistro Abbatucci. À côté de moi, une professeure éprouve le sentiment du devoir accompli.

Paul-Antoine pense à sa grand-mère : « Elle a pu me voir m'en sortir », dit-il avec soulagement.

Il y a quelques jours, elle est décédée.

Celle qui l'aimait tant.

Deuxième partie

Mille adolescents répondent à une enquête

Une résonance entre les témoignages recueillis et les réponses des jeunes à nos sondages

On l'a lu au début de cet ouvrage, depuis une dizaine d'années, je mène des enquêtes sur la jeunesse avec l'institut de sondage Ipsos. Et, depuis trois ans, j'ai orienté ce travail sur la santé mentale des jeunes au collège, afin de comprendre les causes et la forme de l'anxiété et de l'angoisse qui envahissent nos adolescents. Les données précises manquant cruellement pour les 11-15 ans. De fait, il s'agit d'une tranche d'âge peu visible, qui ne voit plus vraiment de pédiatre et a, généralement, peu de raisons de consulter un médecin. Les 11-15 ans sont en outre moins suivis par les psychologues que leurs cadets ou leurs aînés, qui, eux, font l'objet de politiques ciblées.

Pour ces enquêtes, j'ai toujours procédé de la même manière : sondage *via* un questionnaire adressé par Internet et par Ipsos.

Mille jeunes représentatifs de la population française ont accepté, en octobre 2021, de répondre à une vingtaine de questions concernant leur bien-être (ou mal-être) psychologique, émotionnel ou physique au regard des moments et lieux de leur vie quotidienne. Un an plus tard, mille autres jeunes se sont soumis au même exercice pour me permettre de tenter de voir s'il existe, ou non, des évolutions.

Une réalité, angoissante, s'impose : leurs réponses sont encore plus alarmantes que les récits lus dans les pages qui précèdent. Ce qui, au fond, est logique, puisque les jeunes que j'ai interrogés vont suffisamment bien pour avoir accepté de me rencontrer, voire se porter volontaires. Citons déjà deux résultats inquiétants : un jeune sur trois en âge d'aller au collège serait dans un état d'anxiété généralisé, soit d'un niveau qui justifie un suivi par un professionnel. Et 17 % d'entre eux se déclarent concernés par des idées suicidaires.

Une angoisse profonde, répandue, qui résonne de manière spectaculaire avec les propos des élèves ayant raconté leur parcours et leurs souffrances.

Pour reprendre l'image de la petite boîte dans laquelle on peut ranger ses soucis afin d'y penser plus tard, une inquiétude émerge, et la boîte pourrait s'ouvrir sans prévenir. Et plutôt qu'une ouverture délicate et volontaire, on pourrait assister à une explosion dangereuse, comme la soupape d'une

Cocotte-Minute, échappant à tout contrôle à l'occasion d'un événement déclencheur d'anxiété, soit individuel et familial, soit collectif.

À travers la plupart des récits est apparue l'importance d'un environnement attentif et bienveillant en continu. Que serait-il arrivé à certains des enfants devenus adolescents que j'ai interrogés sans un entourage protecteur ? L'histoire de plusieurs d'entre eux aurait pu mal se terminer. À la lumière des statistiques que nous allons découvrir, la présence d'un entourage est donc un élément essentiel et, parfois, vital. Ces jeunes nous montrent que des parcours individuels, parfois chaotiques, ne sont pas forcément dramatiques lorsque ceux qui les endurent sont soutenus, par des parents, par l'école comme par d'autres acteurs. Les poignants témoignages de Paul-Antoine à Ajaccio, d'Asma à Caen, de Roxane à Hénin-Beaumont qui décrivent des périodes douloureuses dont ils sont sortis, en sont de belles démonstrations car toujours y apparaît un grand-père ou une grand-mère qui veille, un parent à qui on peut parler, un professeur attentif.

Mais nous savons aussi que les adolescents sont des boules d'émotion. Tous. Qu'un état de mal-être léger peut s'aggraver soudainement à l'occasion d'un événement, qu'il s'agisse d'une déception amicale ou amoureuse, d'une série de notes basses, de mauvaises interactions avec un enseignant, d'une moquerie dans la cour de récréation, d'une orientation scolaire non souhaitée. La vigilance est nécessaire. Or, une proportion importante d'entre eux s'avère être dans un état de fragilité tel qu'ils sont susceptibles de surréagir si leur environnement se déstabilise.

Les jeunes volontaires pour parler de leur vie nous ont montré les espaces cachés où les adultes ne vont pas. Certes, quelle que soit l'époque, les adolescents sont par nature émotionnellement instables, à des degrés divers. Mais les récits entendus à l'école, dans des maisons de quartier, des centres d'animation, chez eux, montrent que ceux de la génération actuelle tiennent en équilibre sur un fil. Anouck a pu trouver à la maison un apaisement pour se réinventer. Antonina ira certainement voir sa deuxième mère, celle des enfants du quartier Jules-Guesde, quand s'effondrera sa tour. À un âge difficile, quand on vit au sein d'une société instable, le tissu social et familial représente un filet de sécurité indispensable. Nous assurer de sa présence relève de notre responsabilité collective.

On ne peut agir sans comprendre, ni comprendre sans mesurer.

Tel est l'objet des pages qui suivent. Ce que les adolescents ont déclaré de leurs ressentis face à l'école, face à leurs pairs, face aux adultes, face au monde qui les entoure, face aux écrans, donne de la matière pour comprendre comment cette génération voit notre société, pour élaborer des pistes de réflexion tenant compte de l'expertise de tous ceux qui sont à leur contact au quotidien.

Ces données sur la jeunesse en âge d'aller au collège, confrontées aux récits des adolescents eux-mêmes, ont été en effet à la source d'un dialogue fructueux avec des professeurs, des chefs d'établissement scolaire, des pédopsychiatres, des psychologues, des infirmières et, évidemment, des parents exposés au mal-être de leurs enfants.

Ce dialogue très stimulant a montré la convergence des analyses des causes du grave malaise qui affecte cette génération. Sur les sources de la pression dont ses membres sont victimes comme sur nos insuffisances collectives. Nous verrons que, pour sauver ces adolescents, un seul point de départ est possible : commencer par croiser les regards. En ne se privant d'aucun apport.

10

Du mal-être à la détresse

Ils sont anxieux : plus de trois jeunes adolescents sur dix frappés par un « trouble d'anxiété généralisé »

Chacun a sa propre définition de l'anxiété, sa propre expérience et son propre seuil de tolérance pour supporter les symptômes physiques et les pensées désagréables qui leur sont associés. Maria, à Meaux, me parlait de la « boule au ventre » qu'elle ressentait lorsqu'elle arrivait à l'école, Mathis, de son incapacité à passer dans la rue de son école primaire, Élise, du fait que sa poitrine accusait « le poids du lycée dans sa vie ».

Mais l'anxiété se définit et se mesure scientifiquement. C'est un état de trouble psychique que l'on caractérise cliniquement par un test psychologique en 7 points, le GAD-7 (Generalized Anxiety Disorder-7), éprouvé et reconnu pour dépister avec succès le trouble de « l'anxiété généralisée ». Un terme qui désigne une nervosité et une inquiétude excessives et la nécessité d'un suivi psychiatrique ou psychologique.

Lors de ce test, les personnes sont interrogées sur cette nervosité, leur difficulté à se détendre, leur peur ou leurs éventuelles idées inquiétantes. Les réponses permettent d'attribuer des scores, lesquels aident à diagnostiquer une anxiété légère, modérée ou sévère. Et, en cas de score total supérieur à 7, on considère qu'elles souffrent du trouble anxieux généralisé.

Nous avons choisi d'utiliser ce GAD-7 pour mesurer l'anxiété des adolescents de 11 à 15 ans de la façon la plus objective et rigoureuse possible, dans la perspective d'élaborer un baromètre sur la santé psychique des adolescents à l'âge du collège.

Les résultats sont clairs : les adolescents sont de plus en plus anxieux d'une année à l'autre.

En octobre 2021, 43 % des interrogés semblaient présenter des syndromes d'anxiété, cliniquement caractérisables. Un an plus tard, face aux mêmes questions posées, le résultat est sans ambiguïté : il ne s'agit plus de 43 %, mais de 53 % des adolescents qui sont touchés.

Ces chiffres très inquiétants se greffent sur une tendance profonde, installée progressivement depuis quasiment vingt ans. Mes enquêtes menées il y a dix ans sur « les habitudes de vie des jeunes qui les exposent au stress et au surpoids[1] » avaient mis en relief le malêtre de la jeunesse isolée derrière des écrans. Tous

1. Enquête sur les jeunes de 15 à 25 ans sur les habitudes de vie qui exposent au surpoids et à la solitude, Doing Good Doing Well, 2012.

les échanges que j'ai pu avoir depuis plusieurs mois avec des pédopsychiatres pour le baromètre de Notre avenir à tous ont confirmé la montée de ce profond malaise, largement avant le confinement.

Il faut analyser finement la manière dont l'anxiété s'installe, et s'aggrave. Les chiffres sur l'intensité de l'anxiété nous éclairent.

D'abord, on se rend compte que les anxieux sont plus nombreux que ceux qui ne le sont pas. Selon les scores au GAD-7, la proportion de « non-anxieux » diminue puisque, s'il s'élevait à 57 % en 2021, leur nombre a été réduit de 10 points en un an (47 %).

Ensuite, on constate que le pourcentage d'enfants concernés par une anxiété « légère », qui était de 24 % en 2021, a grimpé de 6 points en un an pour atteindre, en octobre 2022, 31 %. L'anxiété dite « modérée » a elle-même augmenté de 2 points, passant de 12 % à 14 %. Quant à l'anxiété « sévère », elle s'est propagée chez les adolescents entre 2021 et 2022 : de 7 à 9 %.

Un dernier chiffre, à lui seul, souligne l'urgence d'agir : en seulement un an, la proportion d'enfants atteints d'un trouble anxieux généralisé a grimpé très fortement. En 2021, 25 % des sondés présentaient ce trouble. En 2022, on pouvait le suspecter chez 31 % des adolescents. Autrement dit, cette même année, pour un jeune sur trois, un suivi psychologique ou psychiatrique serait nécessaire. Or peu d'entre eux y font appel – comme nous le verrons plus loin –, et cette non-demande est un problème sur lequel il faudrait agir vite. La montée de l'anxiété non prise en charge est en effet une catastrophe, une source d'afflux vers des hôpitaux saturés.

La docteure Stéphanie Lacoste, pédopsychiatre, chef de service à la maison des adolescents de Seine-et-Marne, m'a accordé un long entretien et nous avons pu confronter ces chiffres à la réalité du terrain. En les découvrant, elle m'a expliqué qu'il y a trois ans déjà, son service avait été alerté par l'état d'anxiété croissant des adolescents. « Nous en recevions beaucoup qui réussissaient à tenir et à grandir, se souvient-elle. Mais, maintenant, des jeunes arrivent *via* les services d'urgences avec une intensité de mal-être amplifiée. » Un constat corroboré par d'autres responsables de services de psychiatrie de l'enfant et de l'adolescent qui, tout en décrivant des symptômes déjà remarqués, observent une augmentation en flèche de l'intensité et de la fréquence de l'anxiété des jeunes adolescents.

Ce phénomène s'étend malheureusement à tous les territoires de France, comme l'enquête l'atteste. Avec, sans surprise, une région parisienne, où les tensions à l'école sont les plus fortes, qui est la plus touchée.

Seule la région Ouest semblerait échapper au phénomène, région où l'anxiété monte, mais dans une moindre mesure : la suspicion de trouble anxieux généralisé y apparaît chez un jeune sur cinq « seulement ». Si ces chiffres devront être suivis sur plusieurs années pour confirmer cette singularité, il est important de s'arrêter sur une telle différence de résultats.

Notons d'abord que cette disparité géographique de l'Ouest ne porte pas que sur la santé psychologique des adolescents. Nombre d'enquêtes, dont celle de l'Eurobaromètre, avancent en effet que le moral des Français y est meilleur[1]. En octobre 2021, soit au moment même de notre sondage, une grande étude sur le moral et les attentes des Français réalisée auprès de 10 052 personnes vivant dans l'Hexagone par le cabinet Elabe[2] et l'institut Montaigne avait déjà révélé un optimisme des Français de l'Ouest supérieur à celui de leurs compatriotes.

Quelques mois plus tôt, *Ouest-France* avait, de son côté, interrogé 1 000 personnes en Bretagne, Normandie et Pays de la Loire, enquête[3] indiquant un moral « très bon » ou « plutôt bon » chez les trois quarts des habitants de l'Ouest, en particulier ceux

1. Hervé Le Bras, *Tableau historique de la France*, Paris, Seuil, 2022.

2. Référence de cette étude Elabe : https://elabe.fr/barometre-des-territoires-2021-la-france-convalescente-la-france-du-proche.

3. Étude *Ouest-France* : www.ouest-france.fr/europe/france/le-moral-des-habitants-de-l-ouest-reste-plutot-bon-7195867.

du Morbihan (80 % y déclaraient avoir un moral très bon ou plutôt bon). Ces derniers s'inquiétaient surtout du manque de professionnels de santé proches de chez eux, du manque de commerces de proximité et de l'insertion professionnelle difficile des jeunes.

Les jeunes « anxieux » sont-ils exposés à l'anxiété de façon égale, selon qu'ils sont garçons ou filles, selon leur âge, la catégorie socio-économique de leurs parents, leur lieu d'habitation ? Les résultats du sondage révèlent effectivement des contrastes et des facteurs d'anxiété qui permettront d'élaborer des propositions ciblées.

Parlons déjà de l'âge. Les adolescents les plus anxieux sont ceux qui entament leurs années de collège. Que l'anxiété soit forte entre 11 et 12 ans était attendu. Personne n'ignore la difficulté pour un enfant de s'adapter à cette étape, qui cumule entrée au collège, passage du plus grand des petits au plus petit des plus grands, changement de trajets, d'établissement. Des mutations parfois vécues comme un traumatisme. Les responsables pédagogiques des structures que j'ai visitées ont d'ailleurs tous évoqué ce cap et l'angoisse liée au périmètre modifié. À Meaux, passer d'une rive à l'autre du canal, de Meaux à Chalifert, trouble. À Troyes, aller de l'autre côté de la voie Pompidou aussi. Des épreuves très difficiles qu'il ne faut pas sous-estimer et qu'il convient d'accompagner.

À cet égard, le témoignage d'une infirmière scolaire de Meaux est évocateur.

Dix ans durant, elle a exercé ses fonctions à la fois dans un collège, dans deux écoles primaires et deux maternelles, au sein du même secteur. Mais, depuis peu, elle est à cheval sur deux établissements sans être responsable d'un secteur. « C'est très dommage, regrette-t-elle. Quand j'en avais un, je pouvais demander des nouvelles des enfants, suivre leur évolution au moment du passage au collège, aider ceux qui vivent mal ce changement d'établissement. La situation me paraît aujourd'hui catastrophique. »

Sa zone d'intervention a été élargie pour répondre au besoin de « redéployer des postes », mais, désormais, qui va faire le travail de prévention qu'elle réussissait auparavant ?

Le saut vers le collège n'est pas vécu de la même manière chez les garçons et chez les filles. C'est pour les secondes qu'il apparaît le plus problématique puisqu'il correspond avec le début de la puberté.

Les résultats de l'enquête ne nous apprennent pas que l'entrée au collège est difficile et que le confinement a renforcé ce malaise – on le sait – mais aident à appréhender à quel point ce même confinement a joué sur l'état des enfants sur la durée, et la façon dont il faudra aborder les années qui viennent pour les aider à se relever.

Le fait d'avoir retenu entre quatre murs des jeunes qui entrent dans la puberté a fait office, notamment dans les zones urbaines, de bombe à retardement.

Afin de confronter ces chiffres d'anxiété à la réalité clinique et à l'analyse d'experts, j'ai interrogé Marion Robin, pédopsychiatre à l'institut mutualiste Montsouris. « Est-il raisonnable d'anticiper les effets du confinement à moyen ou à long terme sur l'anxiété des adolescents, compte tenu de la fragilité des jeunes de cet âge ? ai-je demandé. Et les dispositifs à mettre en place doivent-ils prendre en compte un mal profond ? »

« L'impact du confinement sur cette classe d'âge a été très lourd, confirme-t-elle. Notamment parce que l'adolescence est une période d'exploration, de lucidité et d'action. La sortie de l'adolescence se fait lorsque le jeune s'insère dans le monde adulte, notamment par l'action. La pandémie, en imposant une distanciation sociale, a non seulement empêché toute exploration extra-familiale du fait des contraintes physiques, mais aussi entériné l'idée d'une dangerosité de cette exploration et des rencontres avec autrui : risque d'être contaminé, de mourir, ou d'être dangereux pour les autres, de les tuer, notamment les personnes âgées. Au moment où la confiance dans le lien doit s'établir, celui-ci a été surtout présenté comme dangereux. L'engagement dans l'action collective a été rendu quasi impossible, ce qui a renforcé le décalage entre lucidité et action, à l'occasion d'un surcroît de symptômes liés au stress. Les émotions engendrées par la puberté et ses changements sont d'ordinaire régulées par la confiance dans le lien aux autres, les projets et les actions qui en découlent aussi, comme l'atteste l'étymologie du mot "émotion" : *e-movere*, "mettre en mouvement". »

Nous avons vu, à travers les différents témoignages, combien la destruction de la confiance est nuisible au développement des adolescents, et nous avons perçu chez eux la montée de l'anxiété provoquée par l'inaction, à travers notamment de multiples petits détails qui révèlent la peur de l'ennui. Or ces récits ont été recueillis bien après les différentes vagues de confinement ! On peut donc imaginer, voire en déduire, que les comportements de repli au sein des foyers, puis dans la chambre, sont devenus des habitudes difficiles à abandonner.

Les souvenirs de ces quelques adolescents résonnent avec les réponses de mille autres aux questions sur l'anxiété. Ainsi qu'avec le lien établi, du point de vue psychologique, entre anxiété et inaction. La formule du « quoi qu'il en coûte » pourrait être reprise pour évoquer la fermeture des écoles : quelles qu'aient été les raisons impérieuses ayant poussé à prendre cette décision, il est clair que les adolescents l'ont payée cher.

La plupart l'ont payée d'une anxiété durable, eux qui ne retrouveront jamais leurs années de sixième, de cinquième, de quatrième, essentielles à la construction permettant de devenir un jour des jeunes adultes capables de s'engager. Il faudra attendre pour savoir quelles tranches d'âge ont été les plus touchées. Il faudra aussi que toutes les politiques publiques admettent l'existence d'un tel fond d'anxiété. Une anxiété additionnelle.

Autre point préoccupant : le virus du Covid-19 a alimenté une peur de l'école et des amis. Depuis, l'Éducation nationale fait face à un phénomène – en expansion – de phobie sociale explosif, qui se transforme en phobie scolaire.

D'autres contrastes sont apparus en l'espace d'un an.

En 2021, il ressortait de l'enquête que le phénomène d'anxiété transcendait toutes les catégories sociales. Les résultats étaient équivalents pour les enfants issus de parents aisés ou modestes. Parmi ceux nés dans des foyers catégorisés CSP + en 2021, 26 % présentaient une suspicion de trouble anxieux généralisé. Pour les catégories dites CSP –, ce chiffre était (étonnamment) voisin : 25 %. Les résultats étaient presque identiques pour les enfants issus de foyers ruraux, de grandes villes ou de villes moyennes.

Mais, un an plus tard, les résultats du test GAD-7 disent autre chose. L'anxiété est montée en flèche pour les filles comme pour les garçons, à tous les âges, dans toutes les localisations. Avec deux facteurs majeurs – et nouveaux – d'exposition : la taille de la ville et la catégorie sociale des parents. Les jeunes sont plus anxieux dans les foyers dits CSP + – l'anxiété généralisée atteint 34 % contre 26 % dans ceux dits CSP –. Ils le sont davantage aussi dans les villes moyennes et les grandes villes que dans les petites communes.

Une anxiété plus importante au sein des milieux favorisés peut tenir à deux facteurs. D'abord la pression scolaire, plus élevée dans les foyers plus aisés et, à l'évidence, source d'une grande angoisse comme nous le verrons plus loin. Ensuite, le fait que dans les milieux plus favorisés, les jeunes ont (un peu) moins de difficultés à évoquer leur moral.

La grande anxiété des villes, quant à elle, doit être attribuée à la question du logement, les espaces y étant plus exigus, le mètre carré étant plus cher et l'absence de jardins, dommageable. Sans oublier une fatigue générale, liée aux temps de transport notamment, qui envahit les foyers. L'arrêt de la vie sociale durant le confinement y a en outre plus marqué les esprits que dans les bourgs, où le rythme de vie est moins frénétique.

De fait, nombre d'adolescents des petites communes ont vécu cette période comme une césure formidable qui leur a permis de réfléchir et de rebondir. Les récits de certains d'entre eux, notamment à Lille, en attestent : « Le confinement, c'était génial », disaient Olivia et Clémentine, chacune avec ses explications et toutes deux l'ayant vécu dans un village. Toutes deux évoquent longuement l'espace vital, les jardins dans lesquels elles jouaient, les lieux où elles ont pu souffler alors que le collège leur paraissait épuisant. Toutes deux ont saisi l'opportunité d'investir leurs relations familiales, de parler d'avenir avec leurs aînés et, finalement, commencé à se projeter dans le futur. Soit le contraire de la pression et de l'isolement, qui sont à la racine de l'anxiété.

Ils sont déprimés : 17 % des adolescents envahis par des idées suicidaires

Pour évaluer les troubles de la dépression il existe un test alternatif au GAD-7 : le PHQ-9 (Patient Health Questionnaire-9). Conçu au sein de l'université Columbia à la fin des années 1990, il vise à déceler la présence d'une dépression nerveuse chez un patient et à en évaluer la sévérité. Il peut aussi mettre au jour le niveau des idées morbides et des idées suicidaires.

À nouveau, les résultats sont si édifiants que nous devons plus que jamais écouter ce que disent les médecins. Par des questions directes, on demandait aux adolescents s'ils avaient été gênés, ou s'étaient sentis concernés par ces idées, « au cours des deux dernières semaines ». Idées qui recoupent les blessures auto-infligées (comme les scarifications), les idées noires (penser à la mort), et l'idée suicidaire elle-même (penser à se tuer). Il en ressort que leur prévalence est plus forte d'une année à l'autre !

Différents chiffres illustrent cette aggravation.

Le taux d'adolescents se sentant affectés par des idées noires en général a grimpé de 5 points en une année, pour passer de 18 à 23 %.

L'idée de « se blesser » soi-même est quant à elle montée en flèche, le nombre d'adolescents concernés passant en un an de 14 à 21 %.

Enfin, le pire du pire, ce qui devrait être impensable à cet âge : l'idée suicidaire. En 2021, 10 % des jeunes interrogés avaient confié être envahis par cette idée noire durant les deux semaines ayant précédé le jour où ils répondaient au PHQ-9. En 2022, ils étaient 17 %. 7 points de plus en un an !

Des résultats qui démontrent, à nouveau, l'urgence d'agir.

Des résultats qui confirment les alertes lancées par les pédopsychiatres mais aussi l'utilité de produire un baromètre détaillé sur le mal-être de cette tranche d'âge, les 11-15 ans, sur ses facteurs déclencheurs et sur ses conséquences.

Ces chiffres, une fois encore, résonnent avec les témoignages recueillis dans la première partie.

Ainsi, entre deux cours, aux Ulis, Louise m'a raconté devant son camarade Ismaël qu'elle avait empêché la tentative de suicide d'une amie à la piscine municipale. Et je n'ai eu aucun mal à croire qu'elle rapportait des faits réels. D'autres jeunes ont évoqué des situations lourdes et le sentiment de toucher leurs propres limites à certains instants de leur vie. Mathis le dit : il a tenu pour sa mère. Lucas, derrière le muret de son école, s'est senti très mal. Paul-Antoine a lutté plusieurs mois contre des idées noires. Clémentine a craint « quelque chose de grave » pour Selma, hospitalisée. Asma a imaginé plusieurs fois être atteinte d'une hémorragie fatale qui prendrait sa vie discrètement sous son sweat-shirt et a admis se scarifier aux toilettes pour arrêter de souffrir du sentiment de vide. Des propos qui illustrent et rendent vivantes les lignes de chiffres et les fiches Excel envoyées par Ipsos sur mon ordinateur.

Ces données sur la prévalence des idées suicidaires chez les adolescents, je les avais à l'esprit en entendant leurs récits et le sentiment de vide éprouvé et décrit quelle que soit la nature de leur lieu de résidence. Ce phénomène m'avait été signalé à plusieurs reprises par des pédopsychiatres parce que leurs jeunes patients employaient ce mot, « vide », régulièrement.

Olivia, la toute première jeune fille qui m'ait parlé d'elle à Lille, était saisissante d'énergie lorsqu'elle expliquait son aspiration à voyager et sa curiosité. Mais la lumière disparaissait subitement de son visage lorsqu'elle disait n'avoir pu « rencontrer d'autres personnes », ne pas ressentir le bonheur de la « rencontre ». Une déprime ne pointait-elle pas ? Quant à Clémentine, elle exprimait une forte tristesse à l'évocation de ses années au collège, tristesse qu'elle expliquait par une absence de sens, alors que ce qui comptait à ses yeux c'étaient « les choses vraies ».

Notons que notre pays est loin d'être le seul concerné. Et la montée de la dépression de l'adolescent est un phénomène mondial. Ainsi, l'Organisation mondiale de la santé (OMS) publie régulièrement des articles sur la dépression chez les adolescents[1].

Les symptômes dépressifs pris dans leur globalité touchent toutes les régions, mais moins – à nouveau – les territoires de l'Ouest. Pour des raisons analogues à celles développées plus haut, la

1. L. Liu *et al.*, « National, Regional, and Global Causes of Mortality in 5-19-Year-Olds from 2000 to 2019 : A Systematic Analysis », *Lancet Glob Health*, 10, 2022, p. 337-347.

proportion d'enfants touchés par les symptômes dépressifs préoccupants selon l'échelle du test PHQ-9 y est de 36 % contre 48 % pour la moyenne nationale.

Parmi les facteurs de la dépression, on peut noter l'âge et la catégorie socioprofessionnelle des parents.

Si ce phénomène concerne tous les âges du collège, un décrochage notable apparaît à partir de la classe de cinquième (où les chiffres accusent une aggravation de l'état de santé mentale). Celui-ci doit être mis en parallèle avec le début de la puberté (12 ans en moyenne), qui entraîne fréquemment un malaise psychologique chez l'adolescente, parfois désemparée face aux changements brutaux de son corps, fait parfaitement documenté dans la littérature psychologique, psychiatrique ou psychanalytique. En matière d'éducation, l'approche de la ménarche, autrement dit la première menstruation, s'est transformée depuis que, au XIXe siècle, le corps féminin est devenu l'objet d'une vraie attention médicale. Mais il reste du chemin avant que l'arrivée des règles ne soit plus vécue comme problématique ou source de honte dans l'esprit de nombreuses jeunes filles.

Comme nous l'avons vu précédemment concernant l'anxiété, la dépression semble toucher plus fortement les enfants issus de catégories sociales aisées, et plus encore les filles.

C'est même ici que se trouve la principale disparité.

À la question : « Depuis les deux dernières semaines, as-tu pensé à l'idée même de te tuer ? », 23 % des adolescentes issues de foyers CSP + ont répondu oui, contre 17 % pour les enfants issus de foyers CSP –.

La question semble renvoyer à la pression liée à l'école, mais aussi à celle qui se diffuse dans les familles.

Enfin, l'environnement socioprofessionnel est à prendre en compte. Sous réserve que nos résultats soient confirmés par des enquêtes ultérieures plus larges, les chiffres semblent révéler une gravité accrue du problème chez, par exemple, les enfants d'agriculteurs : les données sur les idées suicidaires étaient deux fois plus élevées chez eux en 2021. Une corrélation de bon sens saute aux yeux : les agriculteurs représentent la profession la plus touchée par le suicide. Plutôt qu'un atavisme, c'est une omniprésence de la question qui paraît peser sur les enfants : partageant le quotidien de leurs parents paysans, ils vivent par ricochet les conséquences de l'endettement, de la difficulté du métier, des aléas climatiques, de la stigmatisation et de l'isolement qui tenaillent ces derniers.

L'enquête menée par Ipsos concerne le territoire métropolitain, puisque le questionnaire – pour des raisons d'organisation – n'a pas été adressé aux jeunes des départements et régions d'outre-mer, où la dépression se développe avec ses particularités. Mais je me dois d'apporter un complément d'analyse éclairant le sentiment d'isolement, à la racine de la dépression, qu'on y trouve aussi.

Non par esprit géographique systématique, mais parce que je tente de cerner au mieux les sentiments d'isolement, de vide, de perte de sens des adolescents d'aujourd'hui, je suis allée à la rencontre de la pédopsychiatre Anaïs Ogrizek, qui revient de quelques années de pratique aux Antilles et en Guyane. Qu'arrive-t-il aux jeunes habitant l'autre rive de l'océan Atlantique ?

Elle explique les éléments marquants relatifs à la dépression aux Antilles.

« Aux Antilles, les hôpitaux et les centres de soins reçoivent des enfants victimes d'une très forte symptomatologie dépressive. Autrefois les adolescents touchés étaient le plus souvent issus de familles monoparentales dirigées par des femmes – c'est-à-dire la mère mais aussi la grand-mère. Le foyer des patients jeunes a évolué, au gré des métissages successifs, vers un schéma plus métropolitain, avec un père plus présent, ce qui a déstabilisé le modèle culturel ancestral. »

Les jeunes adolescents ont un sentiment ambivalent envers la métropole qu'ils découvrent à travers les réseaux sociaux. « Dans ce contexte, de nouvelles pathologies apparaissent, comme celles que nous voyons se développer massivement en métropole, telles que le “refus scolaire anxieux”, mais sur un mode différent. C’est-à-dire avec une anxiété des parents moins focalisée sur l’absentéisme scolaire. Lorsqu’en consultation nous demandons aux parents comment les choses se passent à l’école, il n’est pas rare que l’on nous réponde : “Oh, mais l’école, ce n’est pas le problème principal, il n’y va plus depuis deux mois !” »

Ce qui est dit ici quant à l’identité perturbée de jeunes qui baignent dans l’histoire compliquée de leurs ancêtres, *a fortiori* lorsqu’ils sont issus de familles monoparentales (ou presque), fait écho aux témoignages d’autres enfants appartenant eux aussi à des familles monoparentales. Tel celui de Léna, aux Ulis, qui s’était attribué devant moi une note de bien-être de « zéro » et qui ne se sentait nulle part à sa place sauf sur son île, justement.

Les réseaux sociaux font ressortir l’âme d’un migrant, que l’on soit migrant soi-même ou héritier d’histoires ancestrales. Certains jeunes dont les familles se sont déplacées ont plus que d’autres besoin de sens pour ne pas flancher, et ont pu transformer les questions d’héritage culturel en force : Mathis, par exemple, a trouvé les fleurs, Lara, la diplomatie. Mais ils ne les ont pas dénichés seuls. Mathis a eu une mère exceptionnelle. Lara est une pépite dans une maison de quartier qui s'est transformée en deuxième village, en deuxième maison.

Un écart statistique majeur sur la dépression des adolescents français, relevé dans une étude britannique publiée par la revue *L'Encéphale*, conduit à un autre détour géographique, éclairant quant à la question des effets de l'isolement. Il nous mène en Guyane, auprès des adolescents d'Amazonie. Si ces derniers peuvent paraître dans une situation très singulière, au fond, comme d'autres jeunes, ils ne représentent qu'eux-mêmes. Eux aussi sont coupés du monde, parfois par leurs propres parents, dans des territoires de la République, ou simplement parce que toute activité leur paraît vaine. J'aborderai, dans la troisième partie de ce livre, la question des médiations transculturelles nécessaires pour permettre aux jeunes accueillis en France, quel que soit le territoire de la République, de s'intégrer sous peine de ne pouvoir s'adapter. Les formations de médiateurs sont les mêmes pour les aider et tous ont à apprendre des expériences locales singulières. Mais que se produit-il lorsque des jeunes ne sont pas dans un système porteur et se trouvent privés de sens ? En Amazonie, l'inadaptation à la vie dite moderne a des conséquences catastrophiques en termes de dépression des adolescents. La docteure Ogrizek l'explique : « Les conditions de scolarité sont inadaptées ; les parents touchent des aides, mais pour ne rien en faire ; il n'y a pas de commerces, pas de métiers en perspective. Celles-ci, en définitive, ne sont utilisées que pour des actions délétères comme aller s'enivrer, au plus près, au Brésil, où un marché s'organise afin de capter les dépenses en alcool de ces jeunes Amérindiens, migrants dans leur propre pays, qui ne trouvent pas d'actions sensées pour s'occuper. » Or, comme on le lit dans la revue *L'Encéphale* de juin 2022[1], les jeunes adolescents amérindiens du fleuve Oyapock en Guyane font face depuis 2013 à une vague de suicides, dont la corde de hamac devient l'outil. Le taux de suicide annuel y est 18,5 fois plus élevé qu'en France métropolitaine !

Pourquoi ce récit ? Parce que nous ne devons jamais perdre de vue que l'absence de sens, c'est l'absence de vie. Et que l'incapacité à s'adapter constitue un facteur important de dépression.

En écrivant cela, je ne pense pas seulement à Éli, qui joue la nuit à la PS5 pour échapper à la vie diurne qu'il trouve vide de sens. Lui n'est pas seul, il a des parents présents, sa municipalité travaille avec l'école afin de proposer d'autres activités, il peut pratiquer le basket et y rencontrera des pairs. Je ne pense pas seulement à Maria, qui fait des gâteaux

1. *L'Encéphale*, 17 juin 2022, « Équipe mobile de pédopsychiatrie en territoire guyannais : questionnement de l'adolescent amérindien », www.sciencedirect.com/science/article/abs/pii/S0013700622000689.

et qui peut s'envoler pour Johannesburg sans savoir qu'elle habite à Meaux, car elle aussi peut compter sur une ville qui compensera la coupure d'avec le monde organisée par la famille.

Je pense plus largement à tous les jeunes de notre pays – qui pourraient être mes élèves à Paris cette année, dans le 7e arrondissement, ou de n'importe quelle ville –, se trouvant face à des exigeances scolaires qui les anéantissent à l'idée même de s'y confronter.

Des textes à interpréter, des tableaux de chiffres à commenter, des rédactions à écrire ? Mais comment réussir l'exercice pour ceux qui ont manqué, avec mille raisons, les étapes essentielles des apprentissages et ne parviennent pas à s'adapter ? Certains ne peuvent que décrocher, ou dormir, couchés sur la table de classe, et recevoir des heures de colle parce qu'ils sont fatigués. L'image de l'élève qui se couche partout où il peut parle aux professeurs et aux animateurs. Mais peut-être pas assez aux parents, pas forcément conscients de ce que disent leurs enfants lorsque eux ont le dos tourné.

L'absence de sens déclenche la fatigue et l'angoisse. L'angoisse déclenche la dépression.

Nous en reparlerons dans la section consacrée à l'école : l'angoisse, la déprime, la fatigue, à la maison ou en classe, sont multifactorielles. Pour se débarrasser du sujet on pourrait dire que les élèves sont moins déprimés si les professeurs sont inspirants. C'est vrai, mais même les meilleurs professeurs ne peuvent pas toujours inspirer des adolescents arrivés en classe anéantis par l'angoisse, la déprime, le sentiment de n'aller nulle part. Ces sujets sont imbriqués.

Il faut sortir de ce cercle vicieux, et vite !

Ils sont insuffisamment informés sur la puberté et la sexualité

L'éducation aux réalités somatiques du changement du corps à l'adolescence et à la compréhension de ces chamboulements n'est la plupart du temps pas vraiment assumée par le collège, tandis que les parents, eux, ne sont pas tous préparés à combler ce déficit. Et lorsqu'ils le sont, ils deviennent fréquemment très critiques vis-à-vis des établissements scolaires lorsque ceux-ci organisent les sessions prévues par le ministère de l'Éducation nationale.

Regardons, à ce sujet, la façon dont Julia, professeure de SVT à Ajaccio, aborde ce point du programme. « Concernant l'éducation à la sexualité, si je prends à la lettre les programmes de SVT, je pourrais m'en tenir à des explications qui visent à *se protéger*. Mais je refuse de me limiter à leur dire : “Attention, tu peux tomber enceinte.” Il faut expliquer la sexualité, dans tous ses aspects, les aspects hormonaux, le plaisir, le consentement, le fait d'être prêt. Il faut que s'ils se trouvent involontairement confrontés à la pornographie, ils ne croient pas que c'est ça, la sexualité. »

Tous les parents ne savent pas, ou n'aiment pas, évoquer ce sujet avec leurs enfants. Sylvie, mère de trois garçons à Paris, a réfléchi à la question. Entre l'aîné et le plus jeune, elle a complètement changé son discours. Son approche est structurée en quatre points. « À mon grand, je parlais des choses dans cet ordre : un, les maladies sexuellement transmissibles, deux, la reproduction, trois, le consentement, quatre, être prêt personnellement. » Puis, me dit-elle, « j'ai compris que c'est terrible de présenter une vision de l'homme comme dangereux pour la femme, et je ne veux pas distiller de la peur. Alors j'ai complètement inversé mon propos : un, il faut être prêt, que l'on soit garçon ou fille, deux, le consentement, l'écoute mutuelle, trois, les MST, et quatre, le sujet de la reproduction ».

Ces deux témoignages le montrent : il est utile de dépasser le tabou de la sexualité à l'école comme au domicile. Pour ce sujet à la frontière du rôle des parents et de celui de l'école, le point le plus important sur lequel l'école est légitime, c'est celui du consentement. D'autant qu'en classe ou à la récréation à une période où commence la puberté, les tensions entre filles et garçons sont très fortes. L'une des rares adolescentes qui m'ait tenu un discours positif à propos « des garçons », c'est Nelly, à Meaux. Qui était la plus jeune des jeunes filles rencontrées… encore dans l'enfance.

Ils sont mutiques : ils ne mesurent pas leurs symptômes, donc ils ne savent pas en parler

Pour diminuer l'anxiété, il faut parler, verbaliser. Mais encore faut-il avoir conscience du problème. Un des traits saillants de l'enquête Notre avenir à tous est l'absence de prise de conscience de la nécessité d'un suivi psychologique des adolescents. Si le diagnostic de leur mal-être s'impose compte tenu de leurs réponses aux questionnaires cliniques, ceux-ci n'expriment pas pour autant le besoin d'être suivis par un psychologue ou un psychiatre.

Peut-être parce que les jeunes ados déclarent aller bien, y compris lorsqu'ils vont mal !

En 2021 et 2022, nous leur avons demandé d'estimer leur niveau général de bien-être sur une échelle de 1 à 10. De façon constante, d'une année à l'autre, ils se sont donné une assez bonne note de forme morale, égale à 7 sur 10, et seulement 6 % ont déclaré aller mal. À s'en tenir à ce résultat, on pourrait croire qu'ils vont globalement bien puisqu'ils le prétendent ! Mais nous ne pouvons malheureusement pas en rester à ce « bulletin » dès lors qu'on le compare aux résultats des tests cliniques, où 16 % seulement des jeunes qui vont mal (au regard du GAD-7) déclarent qu'ils ne vont pas bien.

Dépasser les contradictions ?

Si l'on revient aux principaux résultats du baromètre, il faut désormais réconcilier des données *a priori* contradictoires : d'une part le fait qu'un jeune sur trois soit dans un état d'anxiété généralisé, de l'autre celui que 17 %, à l'âge du collège, soient envahis par des idées suicidaires et, enfin, cette forme auto-évaluée qui tourne en moyenne autour de 7 sur 10.

L'explication ne tient-elle pas à la volatilité de l'humeur chez les adolescents ? Les journées durent vingt-quatre heures, aussi, « aller bien » plusieurs heures par jour ne veut pas nécessairement dire que l'on va bien.

À ce sujet, demander aux enfants qui entrent aux urgences et sont hospitalisés parce qu'ils ont tenté de se faire du mal quelle note de forme ils se seraient attribuée la semaine précédente serait vraisemblablement surprenant. Certains s'en seraient à coup sûr donné une très mauvaise quand d'autres auraient dit que la veille ou la semaine passée, ils allaient bien.

De fait, entre 2021 et 2022, le niveau de bien-être général estimé par les jeunes est resté assez élevé et stable (autour de 7 sur 10, donc), sans que cela soit incompatible avec des indicateurs d'anxiété et de dépression montant en flèche. Dans la même journée, chacun d'entre nous peut aller bien ou mal ; pour un adolescent c'est la même chose, mais dans un laps de temps très restreint, si bien qu'une parole, un mot, une réponse à un questionnaire ne suffisent pas. Mieux vaut rapprocher les réponses apportées par les adolescents aux questionnaires d'autoévaluation de leur forme psychique des récits de leurs camarades tels que ceux des premières pages de ce livre, des témoignages de médecins, d'urgentistes, de parents, de professeurs, de travailleurs sociaux, d'animateurs de centres de loisirs… pour commencer à élaborer un diagnostic fiable sur leur anxiété et leur dépression.

Ensuite, il est à craindre que l'écart entre l'évidence clinique et le ressenti subjectif soit à mettre sur le compte d'une mauvaise perception par les jeunes de leur propre santé psychique, qui est en adéquation avec l'absence d'éducation des enfants sur ce point. Un écart qui peut aussi s'expliquer, en partie, par une banalisation du mal-être, perçu comme relevant d'un *spleen* normal, si attendu qu'il n'y aurait pas lieu de s'alarmer et face auquel une certaine fatalité serait de mise.

Que l'adolescent aille mal parce que c'est son âge qui le veut est une réalité qu'il ne s'agit pas de nier – une littérature fournie explore cette problématique. Pour autant, il ne faut ni céder au fatalisme, ni demeurer prisonnier de l'inaction. Et, pour agir, il s'agit de nommer le mal. Comme les chiffres le montrent, les adolescents sont loin d'avoir la lucidité nécessaire pour apprécier leur propre santé psychique.

Ils ne se font pas suivre : la cécité face au mal-être entraîne un déni de la nécessité de soins

Ainsi, les jeunes se confient d'abord à leurs proches. En 2022, plus de quatre adolescents sur dix ayant un niveau d'anxiété nécessitant une évaluation psychiatrique n'étaient allés en parler ni à un professionnel de santé, ni à un adulte de l'école. Et, toujours la même année, plus de deux jeunes sur trois rencontrant des symptômes de dépression disaient également n'en avoir parlé avec personne.

La raison de ce mutisme est double.

D'abord l'adolescent semble convaincu que son mal-être n'est pas suffisamment grave ; alors pourquoi irait-il en parler ? Sur l'ensemble des jeunes dont l'anxiété nécessite une évaluation clinique, ils sont 36 % à le penser contre 27 % l'année précédente. Leur cécité face à la gravité de leur mal-être a donc considérablement augmenté en l'espace d'un an.

Ensuite, ils n'ont pas du tout envie d'aller voir un professionnel dédié. Rappelons que seulement 16 % des adolescents nécessitant un suivi clinique (au regard du test d'anxiété) déclarent « ne pas aller bien du tout ». Le jeune n'a aucun désir de parler de ce qu'il ne reconnaît pas. Et ce n'est pas la honte de voir un psy qui le retient puisque seulement 7 %

d'entre eux ont peur du regard de l'autre en cas de consultation chez ce spécialiste.

Cependant, l'une des questions posées révèle que des dispositifs libérant la parole pourraient être mis en place. Quand on leur a demandé : « Aimerais-tu aller parler de tes problèmes à un/une psychologue sans que tes parents soient prévenus ? », 38 % de ceux dont l'anxiété nécessitait une évaluation clinique ont répondu oui !

Émerge ici une source de réflexion et, peut-être, de solution. Si la santé mentale faisait l'objet d'un suivi à l'école sur le modèle de ce qui existe pour la somatique, *via* des consultations psychologiques systématiques indépendantes de l'accord des parents, sans doute la donne serait-elle différente. On peut en effet supposer que les jeunes adolescents, vraisemblablement soucieux de ne pas inquiéter leurs parents, consulteraient davantage si ceux-ci n'étaient ni alertés ni informés.

Comme l'indiquent les réponses des adolescents, ce n'est pas chez le psychologue, mais dans les cercles familiaux ou amicaux que le recueil de la parole se fait. Interrogés sur ce qu'ils font lorsqu'ils « se sentent mal dans leur tête », 56 % des répondants affirment parler à leurs parents, et 58 % déclarent se tourner vers leurs amis.

Mais qu'est-ce que « parler » aujourd'hui ?

Le temps d'écran déclaré dans cette étude laisse à penser que la parole évoquée peut se livrer par ordinateurs ou smartphones interposés, *via* les services de messagerie ou les réseaux sociaux. Nous détaillerons ce point.

11

Les conséquences du mal-être sur l'école et les amis

Le mal-être des adolescents est d'autant plus grave que ceux-ci peuvent se sentir mal sans parvenir à verbaliser les choses ni *savoir* qu'ils ne vont pas bien.

C'est pourquoi le mal-être crée une véritable détresse.

Un mal-être qui n'est pas étranger à l'école, une école qui a un rôle à jouer pour les aider à aller mieux.

D'autant que plus d'un tiers des adolescents interrogés estiment que les problèmes rencontrés ont eu des répercussions sur leur scolarité et leurs relations avec les autres.

La dégradation de leur vie sociale se précise du reste d'une année à l'autre. 31 % des adolescents considéraient que leur mal-être avait une conséquence sur leur vie sociale en 2021 ; ils sont 38 % un an plus tard. Chez les plus anxieux, le chiffre se fait plus important puisque 69 % déclarent que leurs problèmes d'anxiété ont rendu plus difficiles leur scolarité ou leurs relations avec les autres.

Il en résulte un besoin, parfois inconscient, de se confier malgré tout. Ou de trouver des dérivatifs ! Au premier rang desquels on trouve les écrans.

Fatigue, absence de sens, sentiment de vide

Un adolescent qui va mal est aussi un adolescent fatigué et, possiblement, un adolescent qui décroche à l'école. Comme nous le savons tous, le mal-être a d'abord des conséquences concrètes sur l'endormissement et qui dit altération de la qualité du sommeil dit troubles de la concentration, donc baisse des résultats. Aussi, lorsque deux adolescents sur trois déclarent peiner à se lever le matin pour se rendre en cours, nous ne sommes pas surpris. Le fait que plus d'un sur trois déclare lutter pour ne pas s'endormir en classe doit même nous interpeller.

L'endormissement est d'ailleurs un sujet qui prend de l'importance, un sujet dont les enfants parlent de plus en plus, en famille, à l'école, comme avec les enseignants. Il est aussi fréquemment abordé durant les conseils de classe et dans les salles de professeurs, ceux-ci notant l'ampleur d'un phénomène que les parents mesurent mal parce qu'ils n'ont pas connu cette difficulté.

Mais la fatigue – la « flemme », comme disent les ados lorsqu'ils sont fatigués – n'existe pas en elle-même. Elle est une conséquence de quelque chose qu'il faut décortiquer et comprendre. Nous intéresser à ses conséquences, c'est aussi nous intéresser à ses causes.

Voyons d'abord les conséquences aux yeux des adolescents.

Dans leurs réponses à l'enquête, ceux-ci déclarent, pour une proportion non négligeable, cerner l'impact négatif de leur état psychique et de leur fatigue : 31 % reconnaissent son influence sur leurs résultats scolaires, 35 % y voient un lien avec leur capacité à se concentrer en classe, 34 % disent en subir les effets dans l'intérêt qu'ils portent aux cours. Pour profiter de l'école, il faut être en forme.

Et si c'était l'inverse ? Et si c'était l'absence d'intérêt pour les cours qui rendait nos enfants fatigués ? La question mérite d'être posée car si l'on met de côté les sources individuelles de fatigue – familiales, sociales – et que l'on s'intéresse à la fatigue qui s'auto-alimente à l'école, là, au moins, on peut agir.

À l'évidence, s'installent à l'école de multiples enchaînements entre la concentration, la fatigue, le climat de la classe, l'humeur des professeurs et d'autres phénomènes. Les rythmes scolaires interfèrent avec ces enchaînements. Les infirmières scolaires le confirment, qui signalent des élèves de plus en plus nombreux à les solliciter pour trouver un moment de repos.

Ainsi, l'école, deuxième maison dans laquelle nos enfants passent l'essentiel de leur temps d'éveil, peut en elle-même, devenir une autre source de fatigue plutôt que de stimulation de l'esprit, quel que soit l'état de forme initial de l'élève.

Dit autrement, l'école est un milieu pivot qui peut tout autant booster l'enfant vers le bien-être que l'enfoncer dans son mal-être. S'il franchit les portes du collège ou du lycée focalisé sur sa « fatigue », il risque de ne pas pouvoir y saisir les opportunités d'aller mieux.

Mais comment démêler les causes de la fatigue ?

Voilà un sujet prioritaire à prendre dans sa globalité.

Penser aux rythmes, penser au nombre d'enfants par classe, penser au contenu des programmes est, certes, essentiel. L'école doit être pensée selon les nouveaux enjeux de l'attention, à l'heure où les enfants sont déconcentrés par les écrans, les temps de transport, le bruit des classes surchargées. Ces éléments – évidents – sont les aspects physiques, physiologiques du problème. Que confirme le témoignage d'Éli sur ses débuts de nuit en compagnie de sa PS5, ou le propos d'Éli sur les professeurs qui « font trop de bruit ».

À mon sens, mieux vaudrait prendre le problème à l'endroit.

Si le harassement physique est à l'origine d'un désamour pour l'école, un autre visage de la fatigue existe : celui de la lassitude qui s'installe avec l'ennui, de l'épuisement lié à l'absence de motivation. Submergé par un sentiment de spleen, se sentant emprisonné dans un vide intérieur, l'élève part ailleurs. Ce ressenti, je l'ai entendu partout, de la part de jeunes comme de professionnels de l'éducation. Leurs propos corroborent le chiffre proprement sidérant de 42 % des adolescents qui considèrent que « l'école, ça ennuie ». Un score qui renvoie à la question du sens.

Je pense aux jeunes filles de Meaux qui parlaient du bruit insoutenable des bavardages dans les salles de classe. L'une d'elles, Agnès, disait que ce brouhaha permanent l'empêche d'entendre les professeurs : cela allait lui coûter cette année scolaire qui, justement, avait bien commencé pour elle. Depuis septembre, Agnès se mettait à aimer l'école. Dès lors, comment instaurer un climat positif capable d'améliorer la motivation, la qualité d'écoute et de participation des élèves ?

À Perpignan, Sylvie Fauci, psychologue scolaire de l'Éducation nationale, et Anne Welker, professeure documentaliste, veulent contribuer à créer un climat apaisé et positif pour les élèves et professeurs qu'elles accompagnent. Après trente-cinq ans de carrière, la première observe que de plus en plus, les jeunes lui confient ne pas aimer l'école. Un phénomène qui existait, mais qui s'est fortement accentué. Avec la perte de sens comme fait nouveau. Le constat résonne singulièrement avec les témoignages des adolescents rencontrés. La difficulté à trouver du sens est donc un sujet central qui explique les crises d'angoisse survenues dans les moments d'orientation, de choix d'options ou d'affectation dans les établissements. Les jeunes ont peur d'une erreur, d'être contraints et engagés trop vite.

Cette perte de sens est le berceau de l'absence de motivation. Un constat que la documentaliste fait lorsqu'elle passe dans les classes à l'invitation de professeurs confrontés à la résistance, l'apathie ou l'absence d'intérêt, pour la lecture par exemple. Permettre aux élèves de redonner du sens à leurs études et d'avoir confiance en eux est l'objectif des ateliers ouverts au lycée Jean-Lurçat de Perpignan, intitulés « Parcours en Je ». Professeurs et élèves y parlent d'eux-mêmes à travers des jeux. Par ce biais, ils sont plongés dans une posture d'attention à l'autre. Et tous ceux ayant bénéficié de cette pratique innovante en font d'excellents retours, au point que celle-ci s'est exportée vers plusieurs établissements d'Occitanie. « J'ai accumulé de l'expérience et, à l'approche de l'âge de la retraite, j'ai envie qu'elle ne se perde pas », confie Sylvie Fauci.

Puisque la relation professeur-élève est, partout, fragilisée, toutes les expériences réflexives proposées aux uns et aux autres devraient être multipliées afin d'éviter ces « climats de classe » (pour employer l'expression de l'Éducation nationale) très perturbés. Les récits des adolescents reproduits plus haut constituent autant d'exemples de leurs difficultés de concentration en cours. Les initiatives visant à y remédier existent. Pourquoi ne pas les généraliser ?

De la fatigue à la détresse face aux notes

De façon prévisible, les notes ressortent comme un facteur de stress dans l'enquête de Notre avenir à tous. Et les histoires relatées dans la première partie de cet ouvrage le confirment et nous alertent plus encore. L'enquête indique que plus d'un adolescent sur trois se dit angoissé à l'idée d'aller en classe et confie avoir peur de certains de ses professeurs (un chiffre en nette augmentation, qui atteint 37 % en 2022). Deux sur trois se disent « très angoissés » avant une interrogation ou un rendu de note.

Comment pourrait-il en être autrement quand ce sont des plateformes informatiques, en fin du collège (pour Paris) ou de lycée, qui auront le dernier mot sur l'orientation vers les études ? Certes, l'algorithme sait lire les appréciations des professeurs et des lettres de motivation sont rédigées par les lycées. Mais les notes priment. Et depuis que Parcoursup existe, les élèves en font une obsession. Pour le dire en une phrase : les élèves se confondent avec la note, ils *sont* la note.

Une note qui devient un sujet envahissant et une source de stress pour le corps enseignant lui-même. Nathalie, professeure de français dans un lycée parisien, a bien voulu évoquer le niveau d'angoisse exprimé par la majorité de ses élèves. En relatant un vrai désarroi. « Depuis que la note est centrale pour l'orientation, elle est devenue une immense source de pression pour eux, et donc pour nous, commente-t-elle. Car nous avons besoin que nos élèves réussissent ! La semaine dernière, une jeune fille de première est venue me voir, blême, pour me demander si je pouvais refaire un contrôle parce qu'elle avait eu 14 sur 20 et devait absolument le rattraper. Que faire ? Je ne peux pas organiser un contrôle de rattrapage tous les jours. Je lui ai dit, la mort dans l'âme, que cette fois ce n'était pas possible. Le soir je suis rentrée chez moi, j'ai pensé à mes élèves dans la panique de Parcoursup. Et j'ai songé que je n'en pouvais plus. » Ce stress s'ajoute à la perte de liberté pédagogique qu'elle déplore depuis les dernières réformes. Comme la plupart de ses collègues qui eux aussi dénoncent les contraintes éducatives et le fait que le métier soit si peu valorisé, l'acharnement sur les notes est la goutte d'eau qui fait déborder le vase. Un supplice quotidien renforcé par les menaces proférées par certains parents.

Dès lors, bien des professeurs finissent par rehausser les notes. « Si tout le monde le fait et que nous ne le faisons pas pour nos élèves, nous savons qu'ils n'auront aucune chance d'obtenir les orientations qu'ils souhaitent », disent-ils.

L'angoisse face à la note n'affecte pas tous les élèves de la même manière. Elle concerne nettement plus les filles et les enfants issus de foyers aisés.

Ainsi, Pauline a changé de projet de vie et laissé tomber une passion à cause des notes qu'elle avait obtenues dans une seule matière alors que ses autres résultats prouvaient qu'elle était une excellente élève.

Ainsi, Anouck et ses amis, en troisième à Paris, n'ont parlé, pensé, rêvé que notes pendant un an. Et Hortense, élève d'un très bon collège privé catholique à Limoges, craint le jugement de ses pairs sur ce point en expliquant que si une moins bonne note arrive, « on a l'impression qu'on n'est pas intelligent »… alors qu'elle aussi est une excellente élève. Bien des travers du système scolaire français, qui ne mise pas sur la confiance en soi mais sur le mérite, sont résumés dans cette phrase. La note n'ouvre pas seulement les portes du bon lycée, mais elle procure aussi le respect, ce qui fait dire à Anouck qu'on a réduit les élèves à « des chiffres », à « de l'argent ».

Un contre-exemple toutefois. Quentin, dont la famille a quitté la région parisienne pour s'établir dans une jolie commune de 10 000 habitants non loin de Nantes, reste l'un des rares adolescents, avec Paul-Antoine, qui ne m'ait pas parlé de ses notes. Une absence d'autant plus notable que nous avons échangé une semaine avant son brevet blanc, période chargée en tension durant laquelle les évaluations sont des indicateurs de bonne préparation (ou non) aux épreuves à venir. Quentin ne ressentait aucune pression, ni de la part de ses pairs, de ses parents ou de son grand frère, Joseph, ni de la part de ses professeurs.

Beaucoup se servent de la peur de la note. Et certains la détournent complètement de l'objectif initial. Dans la classe d'Hortense, par exemple, le professeur de français sanctionne les élèves en fonction de la note : « Une heure de colle pour ceux qui n'ont pas la moyenne ! »

Quant aux élèves, ils sont exposés à des dérives. Partout, la triche se développe à grande vitesse. Un phénomène caractéristique d'une pression intense et d'une culture scolaire axée sur les résultats à des évaluations sommatives plutôt que sur l'apprentissage. Ce n'est pas, comme on le dit parfois, seulement parce que tricher est devenu facile, accessible à tous (avec par exemple les montres connectées à Chat GPT), et donc irrésistible ; c'est un sérieux problème systémique.

La peur des professeurs

La peur de la note entraîne une peur des professeurs eux-mêmes. À la question de savoir s'il arrive aux jeunes sondés de craindre leurs professeurs, 37 % ont répondu oui. Une peur plus marquée chez les filles et les enfants issus de foyers dits CSP + (44 %) que CSP – (29 %). À quoi cela tient-il ?

Certains parents consultent tous les jours l'outil mis en ligne par le collège, sur lequel les enseignants peuvent publier, à n'importe quel moment, les notes des derniers contrôles. Dans un tel contexte, les élèves sont pris dans la double peur du regard voire des reproches de leurs enseignants comme de leur famille, et les profs eux-mêmes sont pris en étau entre les appréhensions des élèves et les réactions des parents. Un véritable cercle vicieux !

À la suite de ce constat, une double conclusion s'impose.

Les témoignages des ados comme les résultats de l'enquête incitent à entamer une réflexion profonde sur les modes d'orientation et d'évaluation, et sur la communication de la note elle-même, aux élèves comme aux parents.

Ensuite, il semble évident que l'angoisse face à l'école, bien qu'elle ne relève pas d'un rejet en bloc ni même d'une défiance envers l'institution scolaire elle-même, plaide en faveur du développement de solutions parallèles propices au soutien des ados, alternatives à l'institution scolaire. Au fond, l'école ne peut pas tout. Et c'est une société entière qui définit ce que le mot « réussite » veut dire.

Avec comme premier palier les parents eux-mêmes. Lorsque l'ami d'Anouck, élève de terminale, n'a pas le droit d'aller à un anniversaire en cas de note au-dessous de la moyenne, c'est bien sûr la motivation de ses propres parents qui s'exprime, pas la sienne. Et lorsque cet adolescent vomit avant de se rendre en cours, explique qu'il a envie de prendre le train et de « tout plaquer », c'est une définition de la réussite qu'on lui impose qu'il veut fuir.

À cause de la pression des parents, le professeur devient, de fait, un homme (ou une femme) qui véhicule la peur.

L'une des motivations profondes pour faire son métier était, chez Nathalie – professeure de français – de ne laisser personne au bord du chemin. Mais la pression tous azimuts, celle dont souffrent les élèves, celle des parents, lui devient insupportable. Et la place devant l'impossibilité de satisfaire son idéal. Résultat, elle a le sentiment de ne plus y arriver. « Un des plus gros problèmes, aggravé avec la dernière réforme de 2019, c'est que l'école ne sert plus que d'outil de sélection », déplore-t-elle.

S'il est une population unanime quant à la pression scolaire française, c'est celle qui a connu une expérience de vie à l'étranger.

J'en ai notamment fait l'expérience lorsque j'ai vécu une année avec ma famille, à Amsterdam. Dans cette ville, jamais, absolument jamais, je n'ai éprouvé quoi que ce soit qui se rapporte à de la pression scolaire. Ni de la part de parents, ni de celle d'enfants, ni émanant de l'école. Lors de mes missions professionnelles dans l'hôtellerie, sur les cinq continents, revenaient souvent dans les discussions entre collègues au sujet de nos enfants, une France focalisée sur la réussite scolaire, oublieuse du bien-être et de la confiance en soi des générations futures.

Au-delà des expériences et perceptions que chacun peut avoir des particularismes de la réussite à la française, nous pouvons interroger les professionnels. La docteure Anaïs Ogrizek, désormais à Paris, exerce son activité de pédopsychiatre à la maison de Solenn (hôpital Cochin). Quand je l'interroge sur ce qui l'a le plus étonnée à son retour, elle me répond spontanément : « J'ai été choquée par la pression scolaire. Et j'ai l'impression de me retrouver en face de moi-même lorsque j'étais inscrite à l'université. Mais avec des élèves du collège ou du lycée, pas du supérieur. Qui veulent entrer dans le bon établissement, avoir le bon nombre de points pour

Parcoursup. Ce qui donne le sentiment que leur bac dure deux ans. Avec le contrôle continu, les spécialités, le bac en mars puis en juin, ils n'en finissent jamais ! »

La pédopsychiatre regrette l'évolution harmonieuse d'avant les dernières réformes. Et note la pression scolaire reprise par les parents, eux-mêmes sous pression. Ainsi, elle reçoit souvent des mails et appels des parents de ses jeunes patients, pour savoir s'ils peuvent reprendre leur scolarité.

Loin de leur jeter la pierre, elle sait que cette angoisse est liée à notre système qui ne donne pas de deuxième chance à un élève ayant perdu une année ou manqué un coche.

Cela signifie-t-il, alors que des vies sont en jeu, que notre pays ne laisse pas aux plus vulnérables – nos adolescents – la possibilité de se soigner ?

Les écrans comme palliatifs, les écrans pour parler aux amis

Face à l'angoisse, comment réagissent les adolescents ? Quand on leur demande ce qu'ils font lorsqu'ils ne se sentent pas bien, en leur proposant plusieurs réponses possibles, ils expliquent qu'ils : « parlent ». Avec, comme nous l'avons dit, les amis et parents comme premiers interlocuteurs. Mais par quels biais communiquent-ils ? Que signifie donc concrètement « parler », pour des collégiennes ou collégiens d'aujourd'hui ?

Lorsqu'ils se sentent mal, les adolescents regardent les écrans (téléphone, télévision, tablette ou jeux vidéo) de manière massive : presque les deux tiers disent y recourir plus que d'habitude en cas de mal-être. Plus du tiers dit se réfugier sur les réseaux sociaux en ces circonstances. Les écrans sont des interfaces de dialogue avec les amis, et « parler » peut, aujourd'hui, vouloir dire chatter ou échanger *via* les plateformes.

Avec une utilisation moyenne de presque trois heures quotidiennes des smartphones (indépendamment du temps passé devant les autres écrans), les jeunes sont, comme nous le savons, de grands consommateurs. Reste à savoir à quel point ces dérivatifs contribuent à l'angoisse qu'ils sont censés apaiser, entretenant un cercle vicieux aux mécanismes retors.

D'autant que l'actualité, qui leur arrive par l'intermédiaire des écrans, est une autre source d'angoisse majeure. Les espaces ouverts par Internet, les écrans et les réseaux sociaux représentent donc des environnements ambivalents : à la fois miroirs et foyers de la détresse, ils sont des outils d'épanchement et des lieux de refuge autant que des sources d'anxiété.

Loin d'inviter à une politique du tout-contrôle et à la confiscation des appareils jugés responsables ainsi que le prônent certains, je pense important d'inventer des alternatives afin que les élèves trouvent un équilibre entre le temps connecté et celui sans écran. Au nom d'un bénéfice premier : se parler.

À cet égard, les souvenirs de Julia, professeure dans le collège d'Ajaccio, sont vifs et éclairants. « À la sortie du confinement, j'ai constaté un changement radical chez les élèves. Le fait que la relation ait été coupée s'est immédiatement ressenti. Le collège est pour eux une lueur de vie. Les élèves, d'une manière générale confrontés à l'absence de collectif humain puisqu'ils sont dans le collectif des réseaux sociaux, ont vu cet isolement exacerbé avec le confinement, ce qui fait qu'ils se harcèlent car ils sont dans le non-collectif. Les réseaux sociaux ont donné à voir des pratiques de mise en danger. » Pour elle, la montée fulgurante du phénomène des scarifications relève de l'influence des réseaux sociaux. Asma, à Caen, va plus loin lorsqu'elle explique que c'est au sein même de sa classe de sciences qu'elle a découvert l'existence de cette pratique, qu'elle s'est ensuite infligée. Un professeur l'avait évoquée en espérant faire œuvre de prévention : « Vous verrez peut-être, à travers vos réseaux sociaux, que certains jeunes se scarifient, à l'adolescence », avait-il dit, discours qui, en fait, exposait ses élèves à ce danger.

Autre impact du confinement et de l'exposition aux écrans, la difficulté de concentration. La même Julia, professeure très engagé, confie la teneur des échanges avec ses collègues pour tenter d'y faire face. « Nous sommes obligés de pratiquer une pédagogie de garçons de café ! » explique-t-elle, ce qui signifie concrètement que tant que le professeur n'a pas expliqué une notion à chaque élève, les yeux dans les yeux, individuellement donc, celle-ci ne sera pas acquise. Selon cette professeure de sciences, il faudra expliquer trente fois la digestion, trente fois la méiose, trente fois la mitose, en plus de les avoir déjà exposées et racontées en cours. « J'ai retrouvé des élèves qui avaient vu la fin du monde du fond de leur lit, dit-elle. J'ai dû remettre nos méthodes en question pour réussir à capter leur attention. »

La consommation excessive d'écrans a un autre revers : elle est l'un des foyers d'inégalité les plus tenaces. Ainsi, Quentin a 13 ans mais pas encore de téléphone portable et son grand frère Joseph en a reçu un seulement pour ses 16 ans, avec une heure de consommation autorisée par jour, sans y avoir accès au coucher, au même titre qu'Hortense et son frère Baptiste. La maman d'Éli, aux Ulis, n'a pas réussi à imposer cette sorte de couvre-feu pourtant salutaire.

Comme le note Julia : « Auparavant la nuit portait conseil, les élèves se couchaient avec un souci et quand ils se réveillaient la Terre avait tourné. Maintenant ils sont nombreux à n'avoir aucune chance de se reposer et de prendre de la distance avec ce qui les perturbe. Les insomnies ne calment pas les conflits. Comment voulez-vous que le climat de classe soit apaisé ? » Aucun espace n'est sanctuarisé – pas même leur lit –, le monde entier peut s'y inviter.

Les adolescents et l'hyperconnexion : l'addiction se propage

L'addiction a franchi la porte de la salle de classe.

Désormais nos enfants sont hyperconnectés. Tout au long de la journée. Le sondage mené en 2022 permet de mieux en cerner l'enjeu puisqu'il précise ce phénomène et montre combien il est inquiétant.

Après avoir demandé aux adolescents combien de temps ils avaient passé en moyenne devant un écran (tous types confondus) dans les vingt-quatre heures précédant l'enquête, nous avons obtenu les résultats suivants.

Premier constat – attendu –, le temps moyen passé par les adolescents devant des écrans est considérable. En moyenne, 6 h 48 par jour, chiffre en légère augmentation par rapport à l'année 2021 (6 h 42).

Ce qui n'avait jamais été mesuré en revanche, c'est la façon dont le mal-être interfère avec cette utilisation. Or il apparaît que la consommation d'écrans est encore plus élevée chez les jeunes dont le niveau d'anxiété nécessite une évaluation clinique. Ainsi, en 2022, les concernés déclaraient passer 8 h 12 par journée devant un écran (8 h 41 en 2021).

Ces données confirment un phénomène d'hyperconnexion croissant chez les adolescents et les enfants qui vont mal. Rien d'étonnant certes, mais rien que nous ne puissions ignorer sans agir.

L'hyperconnexion s'étend, bien entendu, à l'école. Près d'un adolescent sur cinq déclare recourir à son téléphone portable dès que possible pendant les cours ! Un ratio qui augmente lorsqu'on se focalise sur les plus anxieux puisqu'il passe d'un sur cinq à un sur trois.

Et durant l'intercours ? 35 % déclarent consulter presque toujours leur smartphone entre deux classes, taux qui croît à nouveau chez les adolescents les plus angoissés dont 48 % affirment se précipiter sur leur smartphone à ce moment.

Tant chez eux qu'à l'école, on observe donc que les jeunes les plus anxieux sont les plus en proie à l'hyperconnexion. Parce que l'écran permet de garder la tête baissée et de ne croiser le regard de personne ? Vraisemblablement.

De fait, la communauté médicale s'exprime depuis plus de dix ans sur ce phénomène qui touche particulièrement les ados à l'âge du collège.

Née parfois l'année même de la mise sur le marché du premier iPhone, cette génération – que l'on appelle Alpha – est aussi celle du pari de Steve Jobs. Dès 18 mois, mieux que leurs parents, ils ont su « swiper » sur le petit écran… et appris que l'on peut avoir « tout, tout de suite ».

Cet accès ultra-facilité au « tout, tout de suite » dès l'enfance est l'un des facteurs majeurs du mal-être des adolescents pointés par de nombreux pédopsychiatres.

Mais n'oublions pas non plus les contenus que ces écrans diffusent ! Ni leur effet pervers : la cyber-violence.

Si l'addiction a franchi la porte de l'école et même de la salle de classe, cela veut dire que les enfants sont exposés à l'école aux contenus violents. Dont la pornographie sur Internet, thème qui, s'il n'est pas couvert par l'enquête de Notre avenir à tous, est un sujet essentiel de la protection de l'enfance, ne serait-ce que par le nombre de personnes fragiles qu'il concerne, et leur âge.

« Quel est le problème ? » demandent parfois certains. Le portail du gouvernement dédié à la protection des enfants contre la pornographie[1] l'indique clairement : « L'exposition à la pornographie peut avoir des conséquences néfastes pour les mineurs

1. Le site Internet jeprotegemonenfant.gouv.fr est dédié à la protection des enfants contre la pornographie sur Internet.

tant sur leur développement psychologique que sur leur représentation de la sexualité. »

Or les chiffres montrent qu'à 12 ans, près d'un enfant sur trois a déjà été exposé à du contenu pornographique, que 62 % des jeunes ont vu leurs premières images pornos avant d'entrer au lycée, soit avant 15 ans.

Plus grave encore, ces contenus sont visionnés sur un smartphone, ce qui peut entraîner vers des conduites d'exhibition sexuelle. Arrêtons-nous sur un témoignage récolté début 2020, avant le confinement, auprès d'une maman du 14e arrondissement de Paris, à l'occasion d'une campagne municipale. Elle m'a raconté que dans un lycée du secteur, plusieurs enfants avaient rapporté avoir été témoins de scènes de prostitution dans les toilettes, filmées par un téléphone. Des scènes pratiquées et captées par des élèves de seconde.

De l'hyperconnexion à la cyberviolence

À bien des égards, on le voit, l'hyperconnexion va de pair avec le développement de la cyberviolence et du cyberharcèlement.

En 2022, près d'un adolescent sur trois aurait été confronté à ces fléaux et près d'un sur dix déclarait avoir rencontré quatre à cinq situations de cyberharcèlement ! Des chiffres très importants et donc un phénomène grave.

Comme Nelly à Meaux, comme Léonore, une jeune fille d'Arras, près d'un adolescent sur trois a subi des moqueries répétitives, des rumeurs, des insultes, ou des menaces de diffusion d'informations personnelles. Cherchant à mesurer plus précisément la façon dont ces agressions arrivent jusqu'à eux, nous avons interrogé notre panel. 23 % des sondés ont affirmé avoir vécu une à trois de ces situations, et 9 %, avoir même été confrontés à quatre ou cinq d'entre elles.

Si le phénomène est global, là encore les inégalités sont fortes. Et les contextes culturels, déterminants.

Léonore, à Arras, fait face depuis deux ans aux agressions multiples de son ex-petit ami, qui n'a pas apprécié d'être abandonné. Lors de notre rendez-vous, elle me rejoint avec une de ses copines, comme si son seul témoignage n'allait pas me suffire. Le récit effraie. Chaque semaine, quand ce n'est pas chaque jour, elle découvre un peu de son intimité dévoilée, des promesses qu'elle avait formulées et qui, pour elle, ne sont plus d'actualité, sont présentées comme des trahisons. Il y a aussi des photos qui montrent un sourire (qu'elle n'affiche plus désormais), des moqueries lorsque son ex est dans un mauvais jour. De ce harcèlement, elle ne réussit pas à sortir. Si son lycée actuel développe des plans en la matière, elle en est reconnaissante, mais n'y croit pas vraiment.

Aux Ulis, c'est Léna qui redoute terriblement les réseaux sociaux. Elle a l'impression d'être « à l'intérieur » du téléphone de ses pairs. Aux Ulis encore, c'est Louise qui a perdu le contact avec sa cousine qui a posté des « images répréhensibles » retrouvées par son père et a été chassée de son foyer. À Meaux, Nelly a cru ne jamais arriver au bout de son année scolaire à cause d'un cyberharcèlement qu'elle décrit comme terrible. Ainsi que l'explique Léna : « Quand le harcèlement est arrivé jusqu'au collège, qu'il soit physique ou cyber, c'est trop tard. »

La docteure Ogrizek confie combien, aux Antilles, l'érotisation de très jeunes Créoles est difficile à prévenir. Non libérées du passé d'esclave de leurs ancêtres, qui ont aussi été des esclaves sexuelles, elles sont nombreuses et majoritaires dans les vidéos qui tombent sous les yeux de leurs camarades. Des adolescentes piégées, aux amours détournées et qui ne savent pas, ensuite, se défaire des attaques de leurs harceleurs. Là encore, les professionnels, nombreux à dénoncer le phénomène, se sentent impuissants.

Le cyberharcèlement et la cyberviolence contribuent aux très fortes angoisses des jeunes qui en sont les victimes, qu'ils soient fortement connectés ou non. Il est en effet essentiel de bien comprendre que même sans être sur un réseau social, un ado peut être atteint par le phénomène : ce qui est crié à travers les réseaux sociaux retentit aussi dans la cour de récréation.

Or, comme la presse nous l'apprend malheureusement trop souvent, le harcèlement conduit parfois au suicide. Pas besoin de préciser que les plus anxieux sont les plus touchés : un jeune anxieux sur deux est en butte à la cyberviolence.

De la peur du danger à la peur des autres et à l'isolement

La crainte de la cyberviolence a pour corollaire la peur du danger. Qui bride, inhibe et retient de s'engager.

C'est un sujet que la docteure Stéphanie Lacoste a fréquemment abordé avec ses jeunes patients, leurs familles mais aussi ses proches. Une alerte utile pour chacun.

« Le danger existe dans la réalité, mais il est, par ailleurs, dans la tête des mères, et donc dans celle des enfants, explique-t-elle. Quand je vois les adolescents, nous parlons de harcèlement sexuel, de sentiments de danger, de la façon de préserver sa sécurité. L'insécurité a tellement imprégné leurs esprits qu'elle rend les enfants plus craintifs et les plonge dans une hypervigilance. La difficulté, c'est que cette hypervigilance est nécessaire mais aussi problématique.

À la source, il y a des mécanismes de survie qui se transforment en angoisse quand les choses n'ont pas été gérées. Il est donc essentiel de faire la différence entre le danger potentiel qui appelle à la vigilance, et l'hypervigilance qui emmène l'enfant vers des processus d'angoisse et d'isolement. Trouver sa propre force devient de plus en plus difficile pour lui. »

Chez chaque parent, un tel rappel devrait résonner comme une mise en garde essentielle. En demandant aux enfants de se méfier de tout, on relaie les messages de prévention mais on crée aussi des peurs de principe. D'une certaine manière, même sans pandémie, nous réussissons parfois à confiner nos enfants, et à les priver d'action en nourrissant leurs inquiétudes.

C'est ce qui arrive à Maria : ses parents la préfèrent, en effet, à la maison.

Et comme me l'a dit un jour ma fille : « Comment voulez-vous que j'aie confiance ? Tous les jours un adulte nous explique que quelqu'un va nous trahir, nous manipuler, nous voler nos photos, nous harceler ! »

Personnellement, consciente de ce risque, j'ai arrêté depuis quelque temps déjà de lire les articles présentant les enfants principalement comme des victimes. Et veillé à ce qu'ils ne traînent plus sur la table du salon, à la portée de tous, grâce à différents témoignages qui m'ont ouvert les yeux sur l'urgence de créer pour nos ados des environnements apaisés qui ne mettent pas en lumière, sans cesse, les positions de victime. Je remercie aussi Stéphanie Lacoste de me permettre de relayer un tel message aux parents. À sa propre fille Emma, elle a dit un jour : « S'il y a un problème il faut se battre, il faut gagner, il faut être fort, toujours. » Un message que me passait ma mère, la battante inspirante de mon enfance.

Transmettons la force qui sème l'insouciance, plutôt que la méfiance qui nourrit l'isolement.

12

Nos enfants face au monde

Avec l'ubiquité que permet leur téléphone, les adolescents sont sans cesse submergés par le bruit diffus de l'actualité et immergés dans ce monde qui vient en permanence à eux, à simple portée de pouce.

Nous avons vu, avec la peur des notes, comment le besoin de réussite scolaire pèse sur leurs épaules. Il s'agit donc maintenant de comprendre, dans le détail, la pression qui naît de la consommation constante des médias.

Comment les jeunes pourront-ils arriver à penser à la hauteur des défis qu'ils identifient ?

Regarder son avenir

Nos adolescents sont courageux

Courageux, d'abord parce que, malgré le poids des crises qui rythment l'actualité, ils affichent de l'optimisme. Courageux, ensuite, parce qu'ils érigent la valeur travail en priorité indispensable pour construire un futur.

Avec des chiffres éloquents. 78 % des répondants affirment être confiants envers l'avenir, et 53 % estiment qu'ils arriveront à suivre des études et à exercer le métier qu'ils désirent. On peut donc véritablement parler d'un réservoir d'optimisme et de confiance. Une bonne nouvelle pour cette jeunesse française assaillie par les informations déprimantes.

Lorsqu'il s'agit de hiérarchiser ce qui compte le plus pour réussir dans l'existence, le travail arrive en tête, pour 51 % des répondants. Loin du cliché éculé d'une jeunesse indolente et rêveuse, cigale plutôt que fourmi, ce chiffre montre le très fort sentiment de responsabilité qui s'empare très tôt des ados. Pour autant, nos jeunes ne sont pas naïfs. Avoir des relations, avoir de la chance, avoir des parents riches, être beau ou belle : tout cela compte, disent-ils. Si chacun de ces éléments pris séparément est faiblement reconnu par eux comme source de réussite, lorsqu'on les cumule, 45 % des ados considèrent que ces facteurs dits de la « dotation initiale » – sur lesquels ils n'ont aucune prise – sont tout de même décisifs. La génération des 11-16 ans est empreinte d'une grande lucidité. Son optimisme ne relève en rien de la naïveté et elle a une conscience aiguë d'un déterminisme de fond. Ce qui n'empêche pas le travail d'apparaître comme la priorité pour réussir.

Cela signifie-t-il que les collégiens annoncent une génération qui ne s'intéresse pas à l'apparence, à la beauté ? Compte tenu du fait que leurs aînés (les plus de 18 ans) recourent massivement à la chirurgie esthétique, la question se pose. Eh bien, pour les 11-16 ans, être beau ou belle ne remporte que 8 % de leurs suffrages lorsqu'ils désignent ce qui compte afin de réussir dans la vie.

Propos vertueux ou sincérité ? Ne nous leurrons pas : le risque existe que ces résultats correspondent plus à des valeurs, des principes, des discours qu'à des pratiques réelles. Maria et Antonina ont fait les frais de moqueries sur leur physique et leur corpulence, elles ne sont pas des cas isolés ; la grossophobie, cette discrimination envers les personnes obèses ou en surpoids, a hélas encore de beaux jours devant elle.

Autre élément qui pourrait faire prendre avec prudence l'affirmation d'un faible attachement à la beauté : la baisse de l'âge auquel les jeunes filles se maquillent. Comme le montrent les résultats d'une enquête menée par l'e-shop Birchbox au sein de la génération Z (née après l'année 2000), une sur deux avait commencé à se maquiller dès 14 ans, c'est-à-dire plus tôt que leurs aînées des générations Y ou X.

Mais là encore, les témoignages vont souvent dans le même sens que les résultats de l'enquête : « On est très bien à l'état naturel, tels que nous sommes venus au monde » dit mon autre fille. « Mais se maquiller, c'est comme peindre sur une toile vierge. Dans l'Antiquité, les hommes et les femmes se maquillaient, et pas seulement pour embellir leur apparence. Cela pouvait être pour des raisons religieuses ». Une explication largement partagée chez les adolescentes, qui m'ont souvent parlé de la tendance minimaliste, devenue virale sur les réseaux sociaux, qui consiste à utiliser moins de produits de maquillage, et à adopter des rituels pour le soin de sa peau.

Ils ont un réservoir de confiance

L'idée que les jeunes valorisent le travail est, on l'a vu, contraire au cliché qui les présente comme flemmards, avachis derrière des écrans. Le temps est vraisemblablement venu de changer de discours. Ou du moins de réfléchir autrement. Car, en vérité, il ne faut pas confondre le repli comme refuge choisi pour échapper à la souffrance, et le repli comme fin en soi. Ainsi, Noémie ne dit peut-être pas tout lorsqu'elle se décrit comme pessimiste, sinon elle ne travaillerait pas autant et ne serait pas la définition même de l'engagement. Mais elle fait partie de ceux qui ne pensent pas qu'une main tendue se présentera. Aussi se prétend-elle pessimiste.

De même, les témoignages des jeunes engagés dans des formations technologiques ou professionnelles à Lille, à Hénin-Beaumont, à Troyes mettent en relief leur foi en l'avenir. Comme mes échanges avec nombre de ceux inscrits en filière générale aux quatre coins de l'Hexagone.

Au fond, il ne faut pas considérer le mal-être et les craintes exprimées par certains témoignages et par l'enquête de Notre avenir à tous comme des données figées. La plupart des sondés ou interrogés n'attendent qu'une main tendue de leurs aînés pour trouver du sens au travail qui leur est demandé et participer à l'aventure collective, qui consiste à grandir et faire société.

Nombre d'entreprises ont compris, voici une dizaine d'années, que la principale crainte des jeunes salariés était de passer par pertes et profits, que leur besoin de reconnaissance exigeait qu'on les associe aux décisions. À nous de comprendre, aujourd'hui, que les adolescents ont besoin, eux, que la génération de leurs parents les reconnaisse comme utiles, intelligents, capables, créatifs, dignes d'intérêt, avec leurs goûts, leurs doutes. Ils ont en fait besoin que nous considérions leur courage et leurs valeurs, et pas d'emblée leurs faiblesses.

Un adolescent, par définition, doute de lui-même et questionne son identité. Mais les crises successives ont changé la donne. Il y a donc un pacte à conclure avec eux afin qu'ils cultivent leur bien-être, et qu'ensemble, nous regardions l'avenir. Le réservoir de confiance des adolescents, voilà ce que nous ne devrions pas laisser s'épuiser.

Mais de quelle façon regarder l'avenir ?

Comment l'actualité mine les adolescents

Depuis trente ans, le champ sémantique de la « crise » irrigue les discours politiques et alimente les flashs info. Depuis trente ans, qu'il s'agisse d'économie ou de climat, de terrorisme ou de pandémie, les crises se succèdent inlassablement. Les adolescents d'aujourd'hui sont les enfants de ces secousses, les héritiers de ce fond d'angoisse et d'inquiétude pour l'avenir. Et avec la crise écologique, dont les conséquences s'enchaînent partout sur la planète, cette anxiété des lendemains qui ne chanteront plus est plus que jamais à l'ordre du jour.

Pour comprendre la façon dont les adolescents reçoivent l'information sur le monde, nous leur avons présenté une liste de sujets d'actualité et leur avons demandé pour chacun d'entre eux s'il est générateur de stress lorsqu'ils en entendent parler.

À l'automne 2021, en dépit de l'optimisme sur leur avenir personnel évoqué auparavant, les thèmes de l'état de la planète et des violences faites aux enfants les inquiètent fortement, placés en tête des sujets anxiogènes. Ces inquiétudes ne sont ni théoriques ni guidées par un principe éthique, elles tiennent au fait que l'on se sent directement concerné. Il est donc normal de les voir émerger comme thèmes de préoccupation majeurs, loin devant les questions de société ou la situation économique, qui, néanmoins, les préoccupent aussi.

En 2022, les inquiétudes ont évolué. En un an, le pourcentage de répondants qui se déclarent stressés par l'état de la planète et de la nature a diminué, passant en un an de 54 % à 47 %, soit une baisse de 7 points. Est-ce à dire que l'anxiété dans ces domaines s'est réduite ? Non, la légère diminution s'explique par l'importance croissante d'autres thèmes d'actualité chez les jeunes, et notamment ceux relatifs à l'état du monde. Le déclenchement de la guerre en Ukraine a eu un impact sur leur moral. Ils ont peur de ce conflit, parce qu'ils ont peur d'être un jour directement concernés. Zakaria m'a raconté qu'un midi, lorsque a retenti la sonnerie de sécurité, comme chaque premier mercredi du mois, tout le monde a cru dans son établissement qu'il s'agissait de l'arrivée de la guerre. À Troyes.

Le défi collectif est donc de prendre acte de ces nouvelles inquiétudes et de les transformer en volonté d'agir. La charge négative de l'angoisse peut en effet être sublimée, se moduler en affirmation politique positive, en moteur capable de lancer des actes citoyens ancrés dans le quotidien. Comme Lara l'affirme : en matière d'engagement, il existe une attente chez les jeunes.

Mais il faudra aider ceux-ci à distinguer les inquiétudes inhérentes à ce qu'ils ressentent intimement de celles liées à une menace. Car les professeurs nous le disent : de plus en plus, les élèves dénoncent comme de la violence des paroles qui ne paraissent pas toujours graves d'un point de vue adulte. La demande formulée un peu brusquement à un camarade de se déplacer, par exemple, peut se terminer dans le bureau du CPE parce qu'elle a été mal comprise par celui à qui elle a été faite, l'ayant jugée « extrêmement » agressive.

Aux yeux de la docteure Marion Robin, « les adolescents, comme nous tous collectivement, accordent une valeur très élevée à la non-violence. Nous ne tolérons plus la violence que nos aînés, eux, acceptaient, ces derniers ayant vécu des périodes – comme la Seconde Guerre mondiale – avec lesquelles ils se sont construits. Il existe donc une représentation collective de ce que sont violence et non-violence qui diffère selon les générations. Aujourd'hui, sur l'échelle de la violence acceptable et de celle ressentie, les curseurs se placent donc à des niveaux différents selon les âges ». Ce que traduit la nouvelle génération.

À qui les adolescents font-ils confiance pour dire la vérité sur l'information ?

Face à trop de mauvaises nouvelles, le besoin de comprendre

Face à une actualité agressive et angoissante, l'adolescent est, d'abord, démuni. L'incompréhension est, en effet, la réaction qui prime lorsque les 1 000 répondants sont interrogés : 51 % déclaraient, en 2021, qu'il s'agit du sentiment éprouvé le plus souvent. Un an plus tard, si cette impression reste majoritaire, elle diminue tandis que la peur et l'angoisse progressent chez les ados devant affronter l'actualité. Deux émotions qui ont augmenté de 4 points. Le découragement, lui, arrive en dernier.

En plus d'être courageux, les jeunes sont donc pugnaces. Une soif de comprendre les caractérise. L'incompréhension contre laquelle ils butent leur est intolérable.

Ces données doivent nous inciter à prendre au sérieux leur besoin de sens. On ne peut faire l'économie d'y répondre.

Lorsqu'on leur demande pourquoi l'information peut être, pour eux, une source de stress, ils sont 57 % à déclarer qu'elle est porteuse de mauvaises nouvelles, 34 % à affirmer qu'il y a trop d'informations, 27 % à se dire angoissés lorsqu'ils ne les comprennent pas.

Face au trop-plein d'informations – et d'incompréhensions –, l'adolescent développe une anxiété intrinsèquement liée à l'actualité, renforcée lorsqu'ils ne savent pas si ce qui leur parvient est vrai ou faux : près d'un tiers cite cette incertitude comme une des causes du stress induit.

Comment faire le tri des informations ?

Trop solitaires, ils n'arrivent pas à comprendre comment le monde évolue

Selon notre enquête, 60 % des jeunes découvrent l'actualité seuls, à partir de leur téléphone. Sans que quiconque soit près d'eux pour leur expliquer réellement les informations reçues et souvent sans être au fait de la nature des sources qu'ils consultent.

Un autre constat mérite d'être énoncé : 32 % d'entre eux estiment que les infos lues sur leurs smartphones leur sont mal expliquées.

Leur solitude pour les appréhender explique cette mauvaise compréhension et ne manque pas de conséquences néfastes sur leur imagination et, *de facto*, leur vie future.

Pour commencer, plus d'un adolescent sur deux déclare ne pas saisir la façon dont le monde évolue. Ensuite, 45 % n'ont aucune envie de devenir adultes. Ils sont même 37 % à craindre la fin du monde.

La manière dont les jeunes appréhendent les éléments de l'actualité a nécessairement des conséquences sur la vision de leur futur. Le fait qu'ils les ingurgitent sans accompagnement parce que isolés derrière leurs écrans trahit aussi l'absence de travail préalable de transmission de la part de leurs aînés, de mise en garde comme de pédagogie, qui leur rendrait intelligibles les messages reçus, comme ce fut le cas pour les générations précédentes, parents et enfants rassemblés devant le petit écran pour la cérémonie familiale du journal télévisé.

Par réflexe d'autodéfense le réel étant angoissant, les ados se recréent un monde qui échappe aux actualités. Olivia, les juge « trop angoissantes ». Elle préfère voir la planète à travers *Hunger Games*. Une question, dès lors, émerge : que penser du goût prononcé des adolescents pour les films, séries et livres dystopiques qui donnent à voir un monde futur, qui serait le nôtre ayant mal tourné ? Plutôt qu'une attirance pour le « sombre », on peut y déceler un moyen d'exercer une lucidité naissante, une manière d'être un peu dans l'action grâce et à travers les héros présentés. En regardant Katniss, héroïne de *Hunger Games*, image et source de la rébellion, on est soi-même rebelle.

Irait-on jusqu'à reconnaître l'existence d'une corrélation entre le fait que les adolescents subissent actuellement davantage d'épisodes « d'hallucinations » et leur goût pour la science-fiction ? Ce serait sans doute aller trop loin, puisque c'est plutôt dans des contextes culturels de croyances ancestrales et de superstitions que le lien entre pensées intrusives et hallucinations est établi. Pour autant, entrebâillons cette porte.

Si la science-fiction mondialisée n'est pas le Quimbois des Antilles ni le Mauvais Esprit de La Réunion, les films et livres fétiches des ados font l'apologie de pratiques telles que le *swifting* (ou voyage dans la réalité désirée), que les jeunes d'aujourd'hui pratiquent. Pour leur génération, les liens et la révolte se construisent plutôt dans un monde inventé, fictif, celui de la science-fiction. Avec un écran qui sépare les héros de leurs suiveurs. Lesquels les escortent du fond de leur lit, où ils sont seuls, encore.

Il y a une explication à cet isolement total : l'impossibilité de créer du lien autour du « sens » du monde avec la génération des aînés.

Cette « non-communication » entre les adolescents et la génération qui les précède est source de troubles, car source d'impossibilité de se construire, de trouver sa force. On se construit avec du sens et de la transmission. On comprend le monde comme on le transmet, ou on transmet le monde comme on le comprend. Ainsi que l'explique Marion Robin : « Les adultes ne construisent pas une version du monde partageable avec leurs enfants. »

La docteure Lacoste, pédopsychiatre, chef de service à la maison des adolescents de Meaux, pointe aussi cette incapacité des parents à créer de véritables liens avec leur progéniture.

« Nous, en tant qu'adultes, allons globalement mal, et nous trouvons piégés dans l'impossibilité d'offrir ce qu'il faudrait à la génération d'après. Nous sommes moins présents que la génération précédente pour nos enfants où, que ce soit à travers des tiers, la famille, des acteurs sociaux, il existait du relais, du temps, une présence. La pandémie a développé l'acmé du problème de fond : qui sont une présence et une attention moindres. Et nous avons découvert ce qui était sous-jacent. Demandez par exemple aux parents actuels de jouer avec leurs enfants : eh bien ils ne savent pas. Ils se plaignent que leurs enfants sont tout le temps sur leur téléphone, mais que font-ils avec eux ? »

À l'écouter, on serait même à un point catastrophique de la non-transmission et de la non-communication. Le fait d'en être arrivés au besoin de développer un apprentissage du jeu devrait nous faire réfléchir ! Nous y reviendrons.

Exposés à un relativisme délétère, les ados ne savent plus qui croire

Une question majeure se pose à chacun de nous, mais plus encore à nos enfants : comment faire le tri entre des informations trop nombreuses et si peu lisibles ? Comment comprendre l'actualité et la digérer ? De quelle manière se repérer ?

Des interrogations qui nécessitent de savoir en qui croit l'enfant pour dire la vérité sur un fait.

L'enquête Notre avenir à tous a posé cette question en demandant aux jeunes de placer dans l'ordre qui, des parents, d'autres adultes (grands-parents, amis des parents), des scientifiques, des blogueurs ou influenceurs et des journalistes leur paraît une source fiable.

Les résultats sont nets sur deux années consécutives. Leurs parents arrivent comme premières personnes de référence (78 %), c'est-à-dire comme celles qui détiennent la vérité sur l'information, ce qui est normal à cet âge. Mais seulement 7 % des interrogés considèrent les scientifiques comme premiers acteurs de confiance et 4 %, les professeurs ! Ce qui en dit long sur l'école (nous y reviendrons). Mesurons donc combien l'environnement familial est crucial pour appréhender plus sereinement l'information.

Et les blogueurs ou influenceurs ? Il est très intéressant de voir qu'ils sont bons derniers.

Puisque l'actualité mine la vie des enfants, l'école ne devrait-elle pas être davantage un moyen d'aider à comprendre le monde ? Ce faisant, elle permettrait à nos adolescents de se vivre en futurs acteurs, ce qui est nécessaire pour envisager de le transformer.

D'où de nouvelles questions posées pour appréhender leur intérêt envers les cours et, surtout, savoir si ce qu'ils apprennent à l'école leur permet d'établir des connexions avec les thèmes qui les inquiètent.

Le résultat est, hélas, édifiant : plus d'un adolescent sur deux estime que ce qui lui est enseigné en classe ne l'aide en rien à comprendre les sujets d'actualité. La sentence est plus forte encore chez les jeunes accusant un fort taux d'anxiété (anxiété généralisée) : les deux tiers d'entre eux ne se sentent pas aidés par l'école pour comprendre les informations qui les stressent.

La flagrante dévaluation de la parole du sachant et de l'expert chez les jeunes est un enseignement important de notre enquête, qui ne doit pas tout à fait nous surprendre puisqu'elle apparaît après la crise du Covid-19 et les polémiques médiatiques ayant mis en cause la fiabilité de la parole politique comme celle des élites médicales.

Quant à la défiance envers les professeurs, elle est également à interpréter au prisme de l'actualité. À l'heure d'une hyper-politisation des questions relatives à l'enseignement, émettre l'hypothèse que les professeurs risquent d'être vus par les parents et leurs enfants comme membres d'une profession très marquée par une étiquette politique supposée, donc perçus comme porteurs d'une parole idéologiquement biaisée et donc à relativiser, n'a rien d'incongru.

La docteure Lisa Ouss, pédopsychiatre à l'hôpital Necker, interprète ainsi ces résultats, qui placent nettement les parents comme référents : « D'une manière générale, l'enfant internalise une figure, qui est celle du parent, qui passe par la confiance épistémique, c'est-à-dire l'attente inconsciente que l'information communiquée soit fiable. Cette confiance a été bousculée pendant le Covid-19. Les pouvoirs publics, les scientifiques, les médecins, l'école, ont communiqué des informations contradictoires. Les débats sur le vaccin ont ébranlé la confiance dans le médecin et tout le pouvoir médical. Pour la première fois on a assisté à des prises de parole de médecins qui disaient : “Je ne sais pas.” Dans ce contexte, les parents ayant toujours protégé les adolescents, c'est par eux que passe la confiance dans la fiabilité des informations. Au détriment des scientifiques et des professeurs. »

Quoi qu'il en soit, un constat s'impose : la place du socle parental dans la digestion de l'actualité est centrale. Si les faits bruts sont mis en cause dans leur véracité par les adolescents, leur décision finale quant à la recevabilité ou non d'une information est sans doute très largement imputable aux parents.

Travailler sur le rapport des jeunes adolescents à l'information revient donc à prendre à bras-le-corps le problème des fausses actualités et des théories complotistes.

Où en est-on de la prise de conscience du malaise des adolescents ?

Les résultats du baromètre que dévoile ce livre sont cohérents avec les données produites par Santé publique France. Selon le bulletin de cette agence nationale, accessible à tous, si les passages aux urgences pour troubles de l'humeur en 2022 tendent à retrouver des niveaux comparables à ceux des années antérieures à la pandémie, ceux relatifs aux idées et gestes suicidaires restent à des niveaux nettement supérieurs. Et les adolescents les plus touchés sont les plus jeunes, ceux âgés de 11 à 15 ans.

Face à l'inertie qui entoure cette montée de dépression, les pédopsychiatres se sont rassemblés pour nous alerter. Tous nous questionnent.

Parmi les nombreux collectifs ayant déployé des efforts pour faire entendre cette urgence, arrêtons-nous sur celui emmené, en mars 2021, par la docteure Lisa Ouss, qui a fait paraître dans *Le Monde* une tribune posant la question du manque de moyens et de lits d'hôpital dédiés aux jeunes affluant aux urgences. Le titre donne le ton : « Sommes-nous vraiment prêts à “trier” les enfants et adolescents suicidaires[1] ? » Et se conclut sur le refus des signataires d'être « les

1. *Le Monde*, 24 mars 2021.

spectateurs muets d'une catastrophe que nous pouvons prévenir ».

À l'été 2022, dans le même quotidien, les pédopsychiatres de l'institut mutualiste Montsouris Marion Robin et Pablo Votadoro ont eux aussi publié une tribune, cosignée par plus de 700 professionnels du soin aux enfants et adolescents[1]. Le texte défendait l'idée que les tentations suicidaires des jeunes sont l'affaire de toute la société et non de la pédopsychiatrie uniquement, qui, de toute façon, n'a plus les moyens de contenir le phénomène au vu du délitement des structures de soins.

Fin mars 2023, au cours d'un rendez-vous avec Marion Robin à l'institut mutualiste Montsouris, nous revenons sur cette alerte. Et constatons combien l'écart entre la gravité de ce qui est dénoncé et la faiblesse des réactions collectives est inquiétant. Autant que l'onde de choc du Covid-19 et des vagues de confinements qui pèsent toujours, deux ans plus tard, sur les troubles des adolescents.

Partout en France, les jeunes patients arrivent désormais aux urgences. Et les tentatives de suicide ne diminuent pas.

Que font les pouvoirs publics ? En matière de prise en charge du mal-être des enfants et des adolescents, la feuille de route du ministère de la Santé n'est toujours pas claire.

1. *Le Monde*, 8 juillet 2022.

Et les professionnels du secteur privé ? En mars 2023, la Cour des comptes s'est penchée sur le sujet de la pédopsychiatrie et a souligné le besoin de former les professionnels libéraux[1]. Parce qu'à ses yeux, ils méconnaissent trop les caractéristiques des troubles psychiques des enfants et des adolescents et ne jouent pas suffisamment leur rôle de porte d'entrée dans le parcours de soins. La Cour a par ailleurs pointé une insuffisance de prévention des troubles psychiques à l'école.

On le voit, les chantiers sont multiples. Et surtout urgents.

Un malaise qui est l'affaire de tous

Quel que soit l'endroit d'où on le regarde, le mal-être des adolescents est l'affaire de l'ensemble de la société. Un problème majeur qui requiert, pour en comprendre les causes, la prise en compte du travail et des remontées de multiples acteurs.

C'est un sujet qui concerne tous les échelons des pouvoirs publics, au niveau national ou territorial, ainsi que le secteur privé.

1. « La Pédopsychiatrie. Un accès et une offre de soins à réorganiser », communication à la commission des affaires sociales de l'Assemblée nationale, rapport de la Cour des comptes, mars 2023.

Mais par où commencer ?

À travers ce voyage au cœur du monde des adolescents, à la lumière de leurs réponses à de nombreuses questions, au contact de professeurs, de pédopsychiatres, d'infirmières, de travailleurs sociaux aussi, je tire et retiens quelques enseignements.

Premièrement, l'anxiété généralisée des jeunes est une réponse à la pression qu'ils subissent. Une pression très difficile à affronter seul, qui prend sa source dans l'école, à ses abords, à travers les réseaux sociaux, comme au sein de la famille.

Deuxièmement, l'état de la société et du monde est un amplificateur de cette pression. Les jeunes sont plongés dans un système scolaire qui devient un outil de sélection. Sa mission première en est détournée. Les parents, voulant sauver leurs enfants, les surmènent.

Troisièmement, les jeunes vivent l'éveil au monde à travers leurs écrans, sans adultes avec lesquels décrypter les informations angoissantes qui bruissent à leurs oreilles.

Quatrièmement, la parole du sachant s'étant dévalorisée, le dernier bastion est celui des parents, même si, paradoxalement, le foyer familial n'est pas un lieu de discussion véritable entre enfants et parents.

Troisième partie

Donner envie de grandir

« Si je ne fais pas mes exercices de français, je ne vais pas avoir mon brevet, et si je n'ai pas mon brevet, je ne vais pas avoir mon Parcoursup, et si je n'ai pas mon Parcoursup, je ne vais pas avoir d'université, et si je n'ai pas d'université, je n'aurai pas de métier, et si je n'ai pas de métier je n'aurai pas de vie. »

Suzanne, 14 ans.

13

Sauver nos enfants du découragement

« Notre horizon, c'est le prochain contrôle. »
Noémie, 16 ans

Bien sûr – et heureusement –, tous les adolescents ne vont pas mal.

Pourtant, si l'on additionne ceux qui développent des symptômes d'anxiété, de dépression, de fatigue physique excessive, ceux qui éprouvent un sentiment de vide ou l'impression d'être « au bout de leur vie », ceux qui sont profondément dépités, ceux qui n'arrêtent pas de travailler, ceux qui dorment en classe, ceux qui passent huit, neuf, dix heures par jour devant des écrans… le bilan est inquiétant.

À leur façon, la plupart parlent de découragement, d'avenir bouché, de fatigue. Un abattement qui prend des formes différentes selon leur personnalité, leurs aspirations et, bien sûr, la diversité des situations sociales.

Or, comme l'affirme l'historien Georges Vigarello : « On ne peut plus considérer la fatigue comme un fait personnel, comme un épuisement qui concerne et isole les gens. Elle est collective, c'est une fatigue démocratique et sociale[1]. »

Cette lecture « sociale » de la notion de fatigue a fait l'objet de travaux de recherche et de notes de réflexion. Par des *think-tanks* comme la fondation Jean-Jaurès[2], mais aussi par des sociologues, des syndicalistes, des économistes, des professionnels de santé. Tel Serge Hefez, psychiatre et thérapeute familial, pour qui « la fatigue est amenée à jouer un nouveau rôle dans notre société : non plus un phénomène touchant la personne dans son intimité et sa singularité, mais bien davantage un des leviers de la revendication sociale ».

L'accablement, l'épuisement, la difficulté à se soumettre aux contraintes ressortent nettement des récits des jeunes que j'ai rencontrés. Ceux-ci m'ont dit souffrir de l'accumulation de petits renoncements successifs. Et j'ai été frappée de voir la proportion de leurs rêves qui ont vite été enfouis – un voyage scolaire attendu à Londres, mais annulé à cause du Brexit comme c'est arrivé à Olivia parce qu'elle

1. Radio France, *Les Matins de France Culture*, « Portrait d'une époque fatiguée », avec Georges Vigarello et Serge Hefez, 14 décembre 2021.

2. « Une société fatiguée », note de la fondation Jean-Jaurès, 2021.

s'est trouvée sans passeport (devenu obligatoire pour entrer en Grande-Bretagne, y compris pour les ressortissants de l'Union européenne[1]), ou une visite chez le père qui tourne au drame familial, ainsi que l'a raconté Léna –, décourageant durablement, au-delà du seul événement.

Aussi, à la lumière de l'ensemble des témoignages, cette approche sociale de la fatigue, théorisée pour le monde des adultes, apparaît comme *la* vérité criante de cette génération. Or cette fatigue, qu'ils ont en commun et qui les paralyse, ne peut-elle devenir, aussi, un ressort ? L'élément déclencheur d'une mobilisation donnant naissance à un mouvement permettant de s'extraire d'un mal-être susceptible de déboucher aussi bien sur une révolte que sur un projet d'avenir ?

Une énergie contenue

Chaque génération a eu son moment de vérité, fondateur ou fédérateur. Pour autant, la fatigue, propre à la génération étudiée dans cet ouvrage, qui en abat certains et en accable d'autres, fait craindre

1. Depuis le sommet franco-britannique du 10 mars 2023, les autorités britanniques se sont engagées à faciliter les voyages scolaires vers le Royaume-Uni de groupes d'élèves français encadrés par leurs enseignants.

une résignation et un renoncement généralisés. Si l'univers des adultes connaît, à l'issue de la période de Covid-19, un sentiment de grande démission après avoir rêvé de construire le monde d'après, il est frappant et inquiétant de constater un désenchantement similaire chez les jeunes, au sortir même de l'enfance.

Quel sera donc leur carburant, l'énergie qui sera à même de les booster et de les extirper de cette fatigue, qui les aidera à se mobiliser pour élaborer et mettre en pratique une autre vision du monde ?

Les plus forts, les plus actifs, lancent déjà des initiatives. Pour le climat, pour la justice sociale, pour la non-discrimination. D'autres adoptent une forme d'engagement qui se manifeste par une consommation sobre et responsable. Mais la plupart des jeunes dont nous avons parlé ici, à l'âge du collège, ont, eux, le sentiment de subir. Ils ne se sont pas encore découverts sauveurs de leurs propres vies, capables de parler, de créer, d'écrire les codes qui leur donneront envie de grandir. Ils n'ont pas atteint l'âge de crier qu'il est temps de sortir de leur chambre, de leur lit, afin de clamer une vision du monde et de réclamer leurs droits sur leur vie. Et tous ne partent ni avec les mêmes chances, ni le même soutien pour prendre cet envol.

Les élèves des collèges et des lycées que j'ai rencontrés pourraient, schématiquement, être séparés en différents groupes, répartis selon la perception plus ou moins dégagée de leur avenir.

Les premiers, peu nombreux, seraient ceux inscrits dans des parcours scolaires artistiques ou sportifs, qui leur correspondent et qu'ils ont le sentiment d'avoir choisis. Avec une ambition professionnelle et un rôle dans la société qui leur permettent d'arriver à se projeter. Qu'ils soient issus de milieux élitistes ou modestes, ils surmontent la fatigue car ils sont animés par des projets assez précis pour les années à venir, et au-delà, eux qui sont nourris de passions cultivées et encouragées depuis l'enfance. Ils connaissent leur environnement, leur prochain lieu de stage, leurs désirs et leurs aspirations pour le monde s'ouvrant bientôt à eux.

Les jeunes du deuxième groupe, moins déterminés, le plus souvent issus des filières générales, utilisent peu le futur dans leurs propos. Et lorsque c'est le cas, c'est pour parler d'un travail à rendre dans la semaine ou pour expliquer que sa réalisation sera compliquée. Pas de projection à plus longue échéance. La responsabilité des adultes et de la société dans leur mal-être, leur surmenage, leurs doutes et leurs inquiétudes quant à leurs orientations, affectation et contraintes de la sélection, mobilisent toute leur énergie.

Enfin, le troisième groupe rassemble les fatigués de ne pas faire grand-chose, ceux qui dorment peu, regardent excessivement leur téléphone portable et jouent à des jeux au point d'en être devenu accros, livrés à eux-mêmes. La dépendance dans l'isolement et l'absence de cadre les exposent à une grande fatigue. Et à des dangers.

Mais si je ne devais faire qu'un seul groupe ?

Alors il ne s'agirait plus d'élèves, mais de la jeunesse de notre pays, dont le dénominateur commun tient en un mot qui semble caractériser tous ses membres. Un mot que tous ceux que j'ai interrogés ont chuchoté, dans des contextes différents, soit dans leur scolarité, soit dans leur famille, soit dans leurs rapports à la société ou au monde : le pessimisme. « Nous sommes tous pessimistes », disent-ils les uns après les autres.

Un mot qui fatigue, rien que de le prononcer.

Si, ville après ville, j'ai rencontré des adolescents encore assez optimistes, j'ai constaté aussi qu'ils approchent leurs limites, sont au bord de la rupture. À cause d'un climat général, de l'état de fragilité de leurs amis, d'une pression qui se ressent mais ne dit pas son nom, trop souvent attribuée à la seule pression scolaire. Une expression revient pour décrire leur état : « Je suis au bout de ma vie. »

Cette fatigue qui abîme les ailes et finit par isoler.

Or cet isolement inédit est sans précédent. Et d'autant plus difficile à cerner qu'il est estompé, masqué par des pratiques qui miment une vie sociale riche.

Ils sont isolés les uns des autres alors qu'ils se parlent par Internet. Ils sont isolés lors des discussions avec leurs parents, alors que ces derniers sont leurs référents. Ils sont isolés face aux professeurs, alors que ceux-ci déploient une incroyable bonne volonté pour que leurs cours soient interactifs. Ils sont isolés dans le mal-être et la souffrance, alors qu'ils n'ont pas forcément conscience d'aller mal (ils pensent que c'est normal) et ne vont pas nécessairement exprimer leurs problèmes à des professionnels.

S'il est fréquent d'attribuer cet état aux outils – téléphone, Internet – ou au délitement du lien familial, peu a été dit sur ce qui « ne circule pas » entre les jeunes et leurs aînés.

Au fil des entretiens, je me suis en effet aperçue que ce nouvel isolement avait peu à voir avec la « solitude » que les gens de ma génération – et même ceux qui sont nés au tout début des années 2000 – ont pu ressentir durant l'enfance. Ce que j'ai entendu, et qui fait écho aux affirmations de différents pédopsychiatres, c'est le produit d'une absence de transmission entre notre génération et la leur. Comprendre ce qui a pu faire obstacle à la transmission est un préalable à l'élaboration d'actions aptes à rallumer une étincelle, à libérer la curiosité, à donner du courage et de l'optimisme. En un mot, à réenchanter.

Cette difficile transmission est, à mon sens, liée à deux chocs fondateurs.

Deux chocs fondateurs qui transforment le rapport à l'autre

Il est rare qu'une même secousse impacte l'intégralité d'une génération. Or, celle des 11-16 ans, génération dite Alpha, a fait face à *deux* bouleversements communs à toute la planète à des âges critiques et fondateurs de la vie d'adulte : l'un à la naissance et l'autre à la puberté. Les adolescents âgés d'une quinzaine d'années sont nés avec les premiers smartphones, ces appareils fabuleux en eux-mêmes, qui donnent un accès continu à Internet et aux réseaux sociaux. Puis ils sont entrés dans la puberté avec le choc d'une pandémie mondiale.

Des séismes qui, à des âges si sensibles, ont percuté leur construction du rapport à l'autre.

On sait mettre en relation des événements qui affectent une génération et en mesurer les conséquences physiques. Par exemple les effets des pénuries alimentaires sur les enfants de 15 ans en 1945 ont produit une diminution de la taille moyenne de quelques centimètres[1]. Il est en revanche plus difficile d'appréhender l'impact et les répercussions psychologiques de ce qu'ont vécu les jeunes affectés alors par l'absence du père, prisonnier, par la peur

1. Jean-Pierre Rioux, *La France de la Quatrième République*, I, *L'Ardeur et la Nécessité (1944-1952)*, Paris, Points, 2018, p. 32.

de l'occupant, par le stress de la guerre. Seul le recul a permis d'élaborer des analyses qui, elles-mêmes, sont à prendre avec précaution.

Qu'en est-il pour les jeunes d'aujourd'hui ? Certains effets délétères de la généralisation du smartphone ont déjà été établis. Dans la petite enfance, l'accès à cet objet offre la satisfaction immédiate du désir (le « tout, tout de suite »), qui est un mal nouveau dont l'apparence insignifiante masque une gravité réelle. Le smartphone rend aussi les parents moins accessibles, puisque eux-mêmes sont captivés par l'outil. Quant à l'hyper-connectivité, elle est une sorte de poison qui ne tue pas, mais produit de l'intolérance et de la frustration, des difficultés de concentration. Autant de sources d'isolement.

Bien sûr, nous connaissons les formidables aspects positifs du smartphone, dont le désenclavement et l'accès au savoir. La jeune Amélia, dans la tour Jules-Guesde, quartier classé prioritaire par la politique de la ville, regarde des contenus scientifiques sur TikTok et lit sur son appareil tout ce qu'elle trouve sur la médecine.

Mais nous savons aussi que, sur des adolescents déjà imprégnés des effets du smartphone, la pandémie et le confinement ont provoqué un bouleversement et un choc incomparables, surtout pour ceux qui, à l'âge du collège, entamaient à peine les expériences sociales. Ils se sont réfugiés dans leur smartphone en mars 2020, soit treize ans après la conférence de Steve Jobs[1] qui annonçait que « l'iPhone [allait] changer le monde », et l'ont fait entrer plus encore dans la vie quotidienne, le faisant passer de l'usage courant d'un outil banalisé à une nécessité permanente. Nos enfants, privés durant la pandémie du lieu de vie essentiel qu'est l'école, ont pris l'habitude de se connecter dès qu'ils sont face à eux-mêmes et c'est un isolement inédit qui est advenu.

Si l'on reprend les statistiques concernant les dépressions évoquées dans les pages précédentes, on voit apparaître un pic des symptômes chez les élèves âgés de 12 à 13 ans au moment précis de l'arrivée du Covid-19, soit chez les enfants nés en 2008, juste après la mise sur le marché du smartphone, corrélation qu'il me semble important de souligner.

Si la pandémie a atteint plus gravement les jeunes de certaines tranches d'âge, les politiques publiques devront en tenir compte. La montée des symptômes de phobie scolaire et sociale semble être l'expression de cet isolement. La proviseure adjointe au lycée Voltaire de Paris, Carole Zerbib, par ailleurs

1. Lors de cette conférence, le 9 janvier 2007, Steve Jobs annonce au monde entier que l'iPhone va changer le monde. « On pourra, par exemple, regarder des vidéos ou écouter de la musique avec notre téléphone. » Il faudra attendre le 29 juin 2007 pour que le premier iPhone soit commercialisé aux États-Unis, et novembre pour l'Europe.

responsable syndicale, exprimait ainsi dans les colonnes du *Monde* ce que les chefs d'établissement m'ont tous dit : « Ces élèves ne se sont jamais déconfinés[1]. »

Deux chocs qui alimentent une nouvelle forme de fatigue

Les effets de ces bouleversements (le smartphone au berceau et la pandémie mondiale à la puberté) sont difficiles à mesurer avec précision car cette pandémie survient après trente années de crise économique, parallèlement à la montée des inquiétudes sur le climat, à une précarité de plus en plus grande, autant de données qui ont modifié les préférences, les aspirations et les valeurs des jeunes. Autant d'événements qui changent, aussi, le rapport à l'autre et au monde. Le virus a, en fait, amplifié nos peurs eschatologiques. Quant aux conséquences psychologiques à long terme, elles sont difficiles à cerner toutes précisément – d'autant que certaines surgiront peut-être plus tard – car la pandémie n'a pas créé de phénomène en soi, elle est venue amplifier quelque chose qui préexistait.

Nous, parents, premiers référents des enfants, leur avons, certes, accordé plus de temps quand l'école

1. « Face à la phobie scolaire, l'Éducation nationale désemparée », *Le Monde*, 19 mars 2023.

ne pouvait qu'être intermittente et à distance, mais qu'avons-nous réellement transmis ? Quels repères solides leur avons-nous donné pour les stabiliser ? Et avec quelle conviction quand nous-mêmes avons de plus en plus de mal – les enquêtes le confirment – à croire au monde que nous leur livrons ? C'est pourquoi, je pense, les jeunes se soumettent : « Notre horizon, c'est le prochain contrôle », dit Noémie. D'un contrôle à l'autre, d'une injonction de s'adapter à l'autre, ils se sont résignés. Et sont surmenés. Sacha, un jeune du 14e arrondissement de Paris, me l'a dit en ces termes : « Je suis vraiment vidé, mes copains aussi. »

Les enfants de l'élite intellectuelle et économique sont accablés en outre par des agendas remplis au point de ne pas avoir le moindre instant de détente, suractivité organisée par les parents et que montre bien Julie Gavras[1] dans son magnifique documentaire *Les Bonnes Conditions*. Comme le disent les jeunes qu'elle a suivis pendant quinze ans : « Lundi, j'ai piano, mardi, j'ai théâtre, etc. »

Des jeunes issus de familles aisées qui ont déjà fait le tour de la planète. Dont les parents ont trouvé les stages, les ont aidés pour des exposés, ont rédigé les lettres de motivation pour Affelnet, le feront pour Parcoursup. Et qui, sans le savoir – ou en toute

1. Julie Gavras, *Les Bonnes Conditions*, documentaire, Arte, 2017.

conscience –, les propulsent dans un monde inquiétant. Les enfants de milieux moins favorisés, eux, ne voyagent pas. Leur temps libre n'est pas absorbé par des activités prenantes. Ils s'échappent sur Internet et dans les jeux vidéo.

La plupart des adolescents vivent le collège comme une épreuve, une contrainte, un parcours d'obstacles psychologiques, qui remplace souvent tout parcours sportif. S'ensuit une fatigue qui se cumule avec celle liée au manque d'activité physique. Selon l'étude menée par Regina Guthold, publiée dans la revue scientifique *The Lancet*, la France fait d'ailleurs figure de championne de l'inactivité physique[1], loin devant les États-Unis ou des pays du Sud tels que l'Inde, le Bangladesh, ou africains comme le Bénin. Si bien qu'apparaît un effet cumulatif du côté statique de la posture devant l'écran et la moindre place accordée à l'éducation physique et sportive au sein des écoles françaises, ce que l'autrice de l'étude pointe du doigt. « Les mathématiques, le français, les langues… Il y a beaucoup

1. En matière d'activité physique, la France est à la 119e place sur 146 pays, selon une étude : Regina Guthold, Gretchen A. Stevens, Leanne M. Riley, Fiona C. Bull, « Global Trends in Insufficient Physical Activity among Adolescents : A Pooled Analysis of 298 Population-Based Surveys with 1.6 million Participants », *The Lancet*, 21, 2019, p. 23-35.

plus d'importance mise sur ces sujets-là que pour l'activité physique, décrit la chercheuse de l'OMS interviewée par France Info. En France, je sais que les enfants vont à l'école du matin jusqu'au soir. Ils reviennent à la maison, ils ont des devoirs à faire. Comment peuvent-ils faire une heure d'activité physique chaque jour si toute la journée est pleine ? »

Parmi les élèves que j'ai rencontrés, seuls ceux engagés dans des formations professionnelles ne parlent pas de cette pression scolaire. Ils vont même de l'avant avec le sourire.

Il ne faut toutefois pas en déduire que les filières professionnelles sont en elles-mêmes des eldorados. Car leur choix, comme le soulignent les proviseurs de leurs lycées, s'inscrit souvent dans une histoire familiale forte. Mathis a orienté sa carrière vers l'horticulture parce que c'était le métier de son arrière-grand-père. Lucas s'est intéressé aux voitures avec son propre grand-père et a fait de sa passion un métier. Xavier, au Lycée hôtelier international de Lille, le plus brillant de sa classe au collège, est animé d'une ambition exceptionnelle, pour lui mais aussi pour sa ville natale, Calais, où il veut ouvrir un restaurant étoilé. Une détermination impressionnante, soutenue par des années d'observation et d'aventures amicales dans sa ville.

Ce qui les caractérise tous, c'est avoir trouvé leur voie. Avoir donné un sens à leur existence.

Or tous les enfants ont le droit au sens. À nous de créer les conditions pour qu'ils le découvrent et puissent libérer leur énergie.

14

S'appuyer sur la force qui grandit dans cette génération

Chez les jeunes que j'ai interrogés j'ai perçu une force qui grandit. Et une forme de résistance, au-delà de la résilience. J'ai rencontré des adolescents désireux de choisir eux-mêmes leur avenir et de ne plus être prisonniers d'une forme de réussite qui corresponde aux critères de leurs parents, quête à leurs yeux sans espoir et dans laquelle ils perdent leur santé. Si la fatigue est communément comprise comme le refus du corps face à l'effort, c'est-à-dire une manière de dire « stop », elle est aussi un rejet d'une forme de pression. En ce sens, elle est salutaire.

Chacun à sa manière, ceux qui vont bien et peuvent s'engager comme ceux qui se sentent moins bien et expriment leur mal-être, tous nous mettent face à une remise en question sociétale. Nécessaire. Indispensable. Vitale, même.

Ce que nous devons entendre de nos enfants

Depuis mes premiers échanges au début de l'hiver avec des adolescents en prévision de ce livre, j'en ai rencontré bien d'autres, qui vivent à Limoges, Nantes, Rouen, Toulouse, Perpignan ou Paris.

J'ai invité chacun d'entre eux à me faire part d'un message qu'il souhaite adresser aux adultes. En résumé, tous ont exprimé leur désarroi face à nos injonctions et à nos incohérences. On leur demande, disent-ils en substance, de travailler et de se concentrer, et dans le même temps, on ne leur explique pas clairement le sens des efforts fournis à l'école. On leur impose de faire, très jeunes, des choix irréversibles. On leur parle de confiance tout en décrivant un monde en péril et en leur transmettant nos propres peurs. On critique leur sédentarité, leur addiction aux écrans, quand nous-mêmes, adultes, sommes incapables de décoller de nos canapés.

Lutter contre ce désarroi est obligatoire, mais le combat ne pourra pas être efficace tant que ce dilemme n'aura pas été résolu. Faire baisser une fièvre sans guérir l'infection ne sert à rien.

Or l'infection, c'est l'absence de sens, l'absence d'estime de soi, l'absence de choix.

L'infection, c'est la pression. Et l'horizon bouché.

Plutôt que transmettre la pression, qui crée l'épuisement, l'angoisse, le vide, et le découragement, nos enfants attendent de nous un accès à la curiosité, un horizon, un engagement.

Ce qu'ils doivent entendre de nous

> « Pour réussir, nous avons besoin d'un discours des adultes. »
>
> Kylian, 14 ans, Meaux

Depuis que j'ai rencontré Kylian, à Meaux, je ne peux oublier la richesse de la courte phrase qu'il a prononcée avec force : « Pour réussir, nous avons besoin d'un discours ! »

Ce collégien en attente de messages fédérateurs et puissants fait écho à l'affirmation du docteure Lacoste, pédopsychiatre, chef de service de la maison des adolescents de Seine-et-Marne : « Il faut tout de suite reconnaître le mal-être à ses degrés divers. Il faut l'expliquer, et dire clairement ce que nous proposons en réponse », affirme-t-elle.

Les jeunes savent que les hôpitaux sont remplis de personnes de leur âge. Ils ont vu, chaque soir, pendant la pandémie, les compteurs du professeur Salomon dénombrant les hospitalisations liées au Covid. Sans aller jusqu'à publier quotidiennement des indicateurs de suivi des hospitalisations des jeunes à la suite d'attitudes suicidaires, on peut s'émouvoir de l'absence de bruit et, finalement, de l'acceptation générale du malaise qui frappe cette génération.

Lorsque Kylian demande un discours pour la jeunesse, ce n'est pas exactement un « Je vous ai compris » ou une « grande cause nationale » qu'il appelle de ses vœux, mais une parole intelligible, honnête, et réconfortante.

C'est donc d'abord une volonté qu'il nous faut montrer, un regard ouvert face à un malaise profond et protéiforme… Et une cohérence à apporter, car si le besoin d'un « discours » des adultes est évident, il faut y insérer un contenu à la hauteur des attentes des adolescents et l'imprégner d'une conviction communicative.

Un message de vérité à propos de la fatigue

Nos enfants doivent entendre de nous que leur malaise individuel est le reflet de celui de la société.

Ce changement de regard sur la fatigue, le découragement, la résignation, la perte de sens fait l'objet de livres, de réunions d'experts qui partagent leurs travaux, d'une sphère intellectuelle à l'autre. Mais les ados, eux, ne savent rien de ces échanges.

C'est donc à nous de leur dire, à travers tous les canaux – l'école, les centres de loisirs, les médecins, etc. –, que, oui, leur malaise a été repéré et que leurs aînés se soucient de leur bien-être.

Pour lutter contre le découragement, il faut que la jeunesse perçoive, de la part des adultes, un message de vérité, honnête et rassurant, concernant son malaise.

Nos enfants doivent entendre de nous que cette fatigue n'est pas la leur, mais le résultat de choix de société. Et que nous allons changer cela ensemble.

Nous devons leur dire que le cri du canari dans la mine de charbon a été entendu. Que nous mesurons, dans leurs symptômes, l'expression du corps qui dit non et refuse un système.

Ils veulent que nous venions leur parler, alors faisons-le là où ils se trouvent, allons jusqu'à eux clamer qu'enfin nous commençons écouter, et à comprendre !

Pour leur éviter la résignation, il convient aussi de parler de l'avenir. D'expliquer, sans naïveté ni cynisme, en quel monde nous croyons.

Selon les professeurs que j'ai rencontrés, aujourd'hui, les enfants et les parents passent plus de temps ensemble qu'il y a dix, vingt, ou trente ans. Le temps partiel et la disponibilité du mercredi pour certains, ou le télétravail, sont des vecteurs de liens intrafamiliaux. Mais ce n'est qu'une apparence et cela ne signifie pas qu'ils se parlent réellement.

Professeure une année dans un lycée à Paris, j'ai été moi-même frappée par l'anxiété des parents d'élèves. Plusieurs d'entre eux souffrent de ne pas savoir parler, envisager ou évoquer un avenir radieux.

Aux yeux des professeurs, animateurs de centres de loisirs, médecins, deux types de discours parentaux se côtoient sur ce sujet.

De la part des adultes se trouvant dans le déni des risques majeurs (le réchauffement climatique par exemple), il y a la communication d'un espoir qu'émerge quelque chose de « magique », comme des découvertes technologiques ou des effets de l'intelligence artificielle capables de réparer le monde. Des messages insuffisants face à la réalité et inaptes à produire l'effet rassurant souhaité.

Quant à ceux chez qui l'anxiété sur l'avenir de l'humanité n'est pas dissimulée, ils sont souvent guidés par une volonté de protéger « à tout prix » leurs propres enfants, et feraient tout pour les endurcir et activer en eux une fibre de survie individualiste. Avec des propos tels que : « Le monde va être dur mon enfant, mais toi, tu dois t'en sortir ! » D'où la pression sur les notes, typique de la lutte pour la survie qui anime certains. « Sans Parcoursup, mon fils (ou fille) va se perdre dans le monde ! »

Peut-on en rester là ?

Croire en notre discours, tenir le cap

Si nous ne sommes pas persuadés de ce que nous affirmons, nous ne pourrons protéger les 11-16 ans du découragement.

Les enfants doivent entendre que nous allons *tous* dans l'après. Liés les uns aux autres. Il revient aux adultes d'en formuler la substance, d'en établir le cadre, de sortir d'une description floue et approximative d'un monde meilleur. Nous ne pouvons sombrer dans la facilité de prétendre qu'une société plus transparente, plus jeune d'esprit, consciente des enjeux, sans tabou ni égoïsme va subitement tomber du ciel.

Il convient plutôt de nous impliquer de façon résolue dans un travail sur les enjeux des années futures. En commençant par répondre aux questions qui concernent nos enfants. Revenons, par exemple, sur le thème de la fatigue physique : nous la savons en partie liée aux rythmes scolaires, nous savons aussi que la France est l'un des pays où le nombre d'heures hebdomadaires consacrées à la scolarité est le plus important. Faut-il les réduire afin de pratiquer davantage d'activités sportives ? Raccourcir les vacances d'été pour que les journées d'école soient moins chargées ? Développer le tutorat ou le mentorat dès le collège en vue de soutenir les élèves qui décrochent ? D'autres urgences sont à prendre à bras-le-corps : comment prévenir les addictions de toutes sortes, qui s'emparent d'enfants de plus en plus jeunes ? Comment faire vivre toutes les diversités dans les cours des écoles, développer partout une vraie culture de l'ouverture, de l'égalité entre garçons et filles, en faire un incontournable et une force ? etc.

Un discours concret sur ce « monde d'après », qui implique une véritable transition éducative et aborde aussi des questions beaucoup plus vastes, doit être préparé, élaboré et proposé collectivement.

Nos sociétés contemporaines regorgent de « grands débats », de « conventions citoyennes », de « budgets participatifs », de « concertations », et nous ne serions pas capables d'élaborer, avec nos enfants, un projet de société qui prenne en compte leur fatigue collective, leurs angoisses, qui porte leurs rêves et leurs aspirations ?

Bien sûr, nous n'allons pas régler ces problèmes dans un très proche avenir. Mais ensemble, nous sommes capables de créer des lendemains qui ne déchantent plus, et même des lendemains qui chantent, portés par une génération réenchantée par son futur.

Les jeunes doivent avoir foi dans les réponses de leurs parents. Comme on ne peut accepter une parole (« Le vaccin, c'est bien » ou « Le vaccin c'est mauvais ») sans savoir si celui qui la prononce est sûr de lui, mieux vaut que les affirmations de leurs proches soient solides. À cet égard, l'alimentation saine, centrale dans le lien parents-enfants, est caractéristique de nos doutes : nous leur tendons des assiettes de fraises parce que les fruits sont bons pour la santé, tout en nous demandant si les pesticides qui les imprègnent ne vont pas les empoisonner. Mais parce que les fruits et les légumes sont bons pour la santé, la plupart d'entre nous en servons. Pesticides ou pas. Tout le monde ne mange pas bio.

Cela pour dire que lorsque ma grand-tante me servait des pommes de terre généreusement sautées dans l'huile, elle ne se posait pas la question de l'équilibre nutritionnel, mais son geste franc nourrissait ses petits-neveux sans que le moindre non-dit flotte autour de la table. Il y avait une sincérité sans arrière-pensée de son côté et une foi dans la qualité de ce qu'elle servait. Une innocence qui semble bien loin aujourd'hui et qu'il faudrait réussir à restaurer.

D'autant que les adultes sont fréquemment démasqués par leur communication non verbale. Si la parole dit une chose, l'attitude ou la posture peuvent en transmettre une autre. À l'évidence, les jeunes le sentent. Ils perçoivent l'inquiétude, le malaise, éprouvent une perte de confiance, du découragement, et développent de l'anxiété en réponse. S'ensuit un engrenage vicieux : les adultes, pris au piège de leurs propres incertitudes, deviennent de plus en plus protecteurs, et isolent leurs enfants.

Si nous voulons les protéger et les sauver, armons-nous de volonté et de certitudes ! Écrivons l'avenir avec nos enfants, et avec confiance.

Appliquons la fluidité de l'esprit start-up (initial), à ce besoin de créer du collectif, de la vie, des ambiances de village où l'on écoute et entend. La confiance grandira. L'optimisme aussi.

À condition d'avoir su redéfinir notre objectif.

15

Redéfinir ensemble la réussite

Réussir : qu'est-ce que c'est ?

Aux enfants, nous devons commencer par expliquer que la « réussite » est un concept transmis entre générations, une quête familiale riche de l'histoire cumulée des parents, grands-parents, des origines comme des choix de vie. Un héritage autant qu'une destinée.

Or, la logique d'une réussite vue comme un progrès, une ascension effectuée d'une génération à l'autre… s'est grippée. Juste après la Seconde Guerre mondiale, elle a consisté à faire mieux que ses géniteurs. Puis à faire aussi bien qu'eux. À la fin des Trente Glorieuses, à éviter un trop grand déclassement. En somme, une évolution lente et continue qui a peu à peu vidé la notion de sa substance initiale, n'offrant plus pour horizon une amélioration à long terme mais une sorte de récompense à court terme.

Aujourd'hui, en caricaturant un peu, on peut dire que pour les parents et les enfants, la réussite se résume à Parcoursup ! Que l'inscription sur un logiciel administratif s'est substituée à la fierté d'obtenir un diplôme reconnaissant des compétences intellectuelles, comme le fut le baccalauréat. Que veux-tu devenir plus tard, mon petit ? Quelqu'un qui a réussi Parcoursup ! Sans tomber dans la facilité en incriminant le système en lui-même, force est de souligner que la procédure a remplacé la finalité. Que l'algorithme s'est substitué à la compétence. Que la tactique, désormais, supplée la connaissance.

La finalité doit revenir au premier plan.

Pourtant, réussir, pour les jeunes (ils me l'ont dit), c'est :

Avoir un vrai métier, être inséré dans une vie sociale. Vouloir devenir fleuriste, comme Mathis à Lille, est un avenir plus certain que vouloir devenir influenceur à Dubaï.

Vivre dans la vie concrète, passer son permis plutôt que conduire une image de réalité virtuelle.

Vivre pleinement le présent, réaliser ses projets, oser rêver.

Être un acteur et un créateur de son existence.

Réussir, c'est aussi avoir envie d'apprendre, de développer sa curiosité, et finalement, s'engager.

C'est persévérer pour parvenir, enfin, à s'accomplir dans ce qui nous plaît.

Mais pour réussir il faut être capable de se retrouver soi-même.

Nous avons la responsabilité immédiate envers nos enfants de diminuer la pression inutile qui pèse sur leurs épaules, celle dont nous sommes à l'origine, et de créer les conditions pour qu'ils puissent découvrir la quiétude d'être soi, pour qu'ils se tournent vers les autres et créent leurs propres horizons.

Donnons-leur l'envie de passer la porte de l'école avec l'envie d'apprendre.

C'est possible. Avec de la détermination et du temps.

Si on a l'intelligence de faire tomber des murs, de décloisonner les politiques, de valoriser toutes les ressources de la cité.

Les jeunes des filières professionnelles m'ont tous dit qu'il était nécessaire de faire comprendre aux adultes que leurs études ne doivent plus être dévalorisées, réservées à ceux « qui n'ont pas le niveau ». Pauline veut être fière de sa formation en cuisine dans sa maison de famille à Bormes-les-Mimosas.

Réussir, c'est donc s'orienter en cohérence avec ce que l'on aime et ce que l'on est.

Le droit à l'erreur pour tous

Nos enfants ont besoin de voir et d'entendre la détermination et la cohérence d'une société qui ne cesse d'affirmer vouloir défendre sa jeunesse.

Faut-il s'attarder sur une autre des incohérences qui les accablent ? Alors que notre époque promeut largement le développement personnel et le droit à l'erreur, elle n'a pas pour les adolescents l'indulgence qu'elle octroie aux adultes.

Un exemple anecdotique, au moment même où j'écris ces lignes. Nous sommes le 20 avril 2023 et le ministre de l'Intérieur annonce que l'on n'appliquera pas le retrait de points au permis de conduire pour les petits excès de vitesse. Sacha m'apprend la nouvelle en l'agrémentant du commentaire suivant : « Les adultes ont le droit à de petits écarts, alors que moi, je n'ai pas le droit à de petites erreurs. Si j'ai mal rempli un fichier informatique pour mes orientations, je ne peux plus revenir en arrière. »

Le droit à l'erreur, eux aussi doivent pouvoir en bénéficier, notamment dans leur orientation scolaire. Surtout, ils doivent avoir le sentiment de pouvoir discuter, négocier, avec des humains et non des machines, alors que les récentes réformes sont pour eux des sources de stress. Le droit à d'erreur, c'est aussi le droit de prendre plus de temps que prévu pour se frayer un chemin, sans être jugé par ses proches.

Un message à envoyer au ministère de l'Éducation nationale.

Le droit d'être malade, soigné, puis de réussir

Outre le droit à l'erreur, il y a celui à être soigné.

Nos enfants doivent entendre que la puissance publique s'occupe de leur santé.

Alors que les médecins sont peu écoutés – les questionnements récents sur le vaccin ont ébranlé la confiance en eux comme en tous les scientifiques –, le temps est venu d'entendre ce en quoi ils croient et ce qu'ils proposent, et plus particulièrement les pédopsychiatres et psychologues.

La question de l'offre de soins en la matière est cruciale. Certes, il serait malhonnête d'affirmer que les solutions sont simples et accessibles, ce sujet relevant d'un enjeu des plus complexes puisque entrent en ligne de compte le vieillissement du pays, le développement des maladies chroniques, la montée des attentes de la population, les effets du baby-boom, le temps de formation des soignants, et toutes les questions de ressources humaines et de finances publiques. Dire qu'il suffirait d'ouvrir des services serait céder à la facilité.

Pour autant, l'état de santé des jeunes est préoccupant. Aux dires des urgentistes, en ce printemps 2023, les tentatives de suicide chez eux ne baissent pas[1]. Les psychiatres et les infirmières manquent. Des adolescents sont hospitalisés dans des services de pédiatrie, ou là où on leur trouve un lit. Une maman me rapportait qu'un jour, son enfant de 12 ans avait été accueilli dans une chambre équipée pour la bronchiolite du nourrisson et que c'était déjà une immense victoire d'avoir obtenu une place. Son enfant avait tenté de sauter par la fenêtre. Quelques semaines plus tard, après un court séjour à l'hôpital, l'enfant s'est jeté du 3e étage. Il a survécu. « Cela va mieux, me confie la maman. Il est vraiment suivi. En fait, il a fallu attendre qu'il saute pour obtenir une réelle prise en charge. »

Peut-on espérer des améliorations ? La Société française de psychiatrie de l'enfant et de l'adolescent et des disciplines associées participe aux Assises de la santé de l'enfant. Dans un communiqué du 21 mars 2023[2], ses membres ont prévenu qu'ils seraient très vigilants sur les propositions qui

1. Santé publique France.

2. Communiqué de la SFPEADA à la suite de la publication du rapport de la Cour des comptes, le 21 mars 2023.

découleraient du colloque chargé d'élaborer une stratégie nationale dans ce domaine.

Quant aux fédérations de pédopsychiatres privés, elles affirment que la psychiatrie de ville n'a pas été réformée depuis trente ans. À cause du numerus clausus mais aussi parce que la profession n'est pas valorisée, le nombre de ses praticiens a été divisé par deux en dix ans !

Selon un calcul formulé par la docteure Lisa Ouss de l'hôpital Necker, en 2016, la France disposait de 692 pédopsychiatres pour 14 millions d'enfants de moins de 18 ans dont 20 % ont un trouble mental. « Imaginons qu'un enfant avec un trouble mental ait besoin de dix consultations entre la naissance et ses 18 ans, ce qui est un minimum. Eh bien, au regard des données statistiques actuelles, il faudrait que chaque pédopsychiatre voie 16 enfants par jour, et 25 en 2030. C'est, chacun le comprend, matériellement inconcevable », souligne-t-elle.

Or il ne peut y avoir de discours porteur d'optimisme pour la jeunesse si la prévention fait défaut et si les praticiens ont des listes d'attente de six mois.

Là encore, il y a un manque évident à combler.

Sur l'ensemble des questions d'accès à la santé, reconnaissons que les gouvernements successifs ne sont pas restés inactifs. Mais la réalité est là.

Le manque d'accès à la santé est tel qu'il est légitime de se demander si l'hôpital ne devrait pas sortir de ses murs. Les territoires ne pourraient-ils pas être plus associés à la stratégie destinée à améliorer le bien-être et le soin des adolescents ?

16

Vivre ensemble, oui, mais surtout « faire ensemble »

Notre époque ne cesse de mettre en avant le « vivre ensemble », d'en parler, de le vanter. Or jamais les adolescents n'ont été aussi seuls.

À la lumière de ce qu'ils m'ont déclaré ainsi que de ce qu'ils confient à leur entourage, m'apparaît évident qu'il faut appréhender leur mal-être de manière aussi globale que possible. Dans leur vie, bien sûr, l'école joue un rôle capital. Mais les jeunes occupent trois *maisons* : le foyer (pris au sens large, c'est-à-dire incluant les grands-parents, amis, voisins), ladite école et la collectivité.

Des espaces qui obéissent chacun à une logique qui lui est propre et dont chacun, on l'a vu, répond insuffisamment à la gravité de ce mal-être. Il est donc important que tous trois se transforment et se complètent de manière plus naturelle.

Le foyer, l'école, la collectivité

Le foyer

Il devrait être la citadelle qui protège ses membres, et plus singulièrement encore ses enfants, des imprévus et menaces. On y est « chez soi », on y trouve ses habitudes, on y a ses repères. Là, pas de représentation. Ni de compétition frontale. Certes, les relations avec les parents comme avec les frères et sœurs peuvent être difficiles, mais on n'a pas – théoriquement – à y affronter des logiques de classement, de notes, de concurrence, qui sont les règles à l'extérieur. C'est dans le foyer qu'on acquiert les connaissances de base et les codes de la vie en société, qu'on doit pouvoir se distraire dans le calme, rêver, se laisser aller, s'abandonner à la douceur et à la tendresse. C'est là aussi que l'on fait l'expérience fondamentale de la solitude.

Il reste que cet espace, s'il a très peu changé d'usage au fil du temps, n'est pas le refuge plus ou moins rassurant qu'il est supposé être. L'organisation des pouvoirs y est plus complexe et souvent confuse. Jusqu'aux années 1970, les pères s'investissaient peu dans la vie quotidienne des enfants. Aujourd'hui ils sont souvent très présents, apportant leurs propres principes à l'éducation. Une double pyramide des pouvoirs s'exerce – *a minima* – fréquemment. Du fait de l'éclatement des familles,

les beaux-pères et les belles-mères ont aussi fait leur entrée au sein de ce cocon, chacun avec sa propre conception de la morale, de la vie, de la conduite à adopter. Quant aux grands-parents, grâce à l'allongement de l'espérance de vie, eux aussi voient leurs rôles s'étendre, surtout dans le contexte de familles recomposées. Avec des visions de l'éducation ou du monde parfois différentes.

Ces rivalités de pouvoir à l'intérieur du foyer ajoutent à l'angoisse ressentie par beaucoup d'adolescents face à une multiplicité d'injonctions contradictoires. Sur des choix d'une portée apparemment anodine – des règles d'utilisation des téléphones aux horaires de sortie – ou de décisions essentielles comme les vacances ou l'orientation scolaire, des déchirements apparaissent parfois. Ces conflits peuvent transformer le foyer, qui devrait être un nid de confort physique, mental et moral, en lieu d'affrontements graves, notamment au sujet du rapport des adolescents avec l'école et le monde extérieur. Et je ne fais pas référence aux violences intrafamiliales, qui terrassent ceux qui en sont les victimes directes ou indirectes.

L'école

L'école a pour mission prioritaire, bien sûr, de faire acquérir des connaissances, de développer la capacité d'expression sous toutes ses formes, de stimuler la curiosité, de former le jugement. Elle doit aussi aider à découvrir la vie en communauté, avec ses impératifs que sont le sens de la discipline et celui de la solidarité.

Mais son fonctionnement apparaît de plus en plus compliqué, voire inadapté, à l'attente et aux besoins des adolescents. L'épreuve terrible qu'est devenu Parcoursup, hantise de la plupart des professeurs, mais aussi des parents et des élèves bien avant qu'ils aient à s'y frotter, montre à quel point les réformes engagées ces dernières années ne vont pas dans le bon sens. Au contraire, les élèves baignent dans un climat scolaire souvent tendu, ils sont nombreux à être mal dans leur peau et découragés.

La collectivité

La plupart des grands-parents que j'ai rencontrés au cours de cette enquête m'ont rappelé qu'à leur époque, et jusqu'aux années 1980, les adolescents disposaient de nombreuses structures indépendantes en dehors du foyer et de l'école. Il existait pléthore d'associations de jeunesse de type scoutisme, un dense réseau de colonies de vacances gérées par les municipalités, les comités d'entreprise et les fédérations associatives.

Tout cet édifice offrait à tous les adolescents la possibilité de s'évader de la « maison » et de l'école, différentes options de socialisation, un dépaysement et la pratique du pluralisme social. Ce maillage s'est considérablement distendu, dans une indifférence quasi générale. Certes, les pratiques sportives et certaines activités culturelles gardent pignon sur rue, mais la plupart des occasions de se mêler, en dehors de l'école, à des adolescents venus d'horizons divers et de construire des projets en commun a disparu, alors qu'il s'agit d'ouvertures diverses et essentielles aux autres, de promesses de bonheur d'une grande importance pour l'équilibre et le moral des adolescents.

D'où la nécessité de développer, de créer des structures susceptibles d'assumer ces fonctions, sur des bases nouvelles, tenant compte des aspirations actuelles des adolescents.

Mieux assurer la complémentarité entre les trois *maisons* des adolescents

Nelly n'aurait pas joué de la trompette s'il n'y avait pas eu le Colisée de Meaux, si son enseignant ne lui avait pas, lors d'une sortie scolaire, fait découvrir cette salle de concert, si l'école n'avait pas intelligemment proposé aux parents de se joindre à la sortie, si son père, qui élève seul sa fille, n'avait pas été attentif à l'étincelle née dans ses yeux en voyant s'exercer les trompettistes, si la municipalité n'avait pas proposé des cours de musique accessibles à tous.

Sans le triptyque parents-école-cité, Nelly serait restée enfermée dans l'histoire de « cyberharcèlement » dont elle était victime, un statut vite balayé par le son de l'instrument à vent.

Le même schéma a permis à Lara, habitante de l'un des quartiers les plus pauvres du Grand Est, de préparer ses examens pour embrasser un jour une carrière dans la diplomatie.

Asma, sans l'association de La Pierre-Heuzé de Caen, ne rêverait pas d'être gardienne de prison. Elle n'aurait pu se projeter socialement.

Pourtant, Asma, Lara et Nelly sont des jeunes filles qui ont eu très fort à faire avec la vie, qui ont connu toutes les latitudes et longitudes du découragement.

Mais toutes les trois ont eu la possibilité de remettre en cause ce découragement grâce au lien tissé avec des personnes merveilleuses, dans leur maison de quartier, centre d'animation ou centre culturel.

Pour que ces entités puissent s'épauler, il faut combler des manques, des interstices, cultiver les bases de l'élan vers l'autre, du décloisonnement et de la fierté de partager.

Quelques pistes de réflexion autour de la collectivité, du foyer et de l'école me semblent primordiales.

Tisser des liens dans la collectivité, créer des espaces de liberté, indispensables pour les jeunes, rassurants pour les parents

Imposer le « vivre-ensemble » comme une politique venue d'en haut ne serait pas suffisant. Ce que peuvent faire l'école et les parents pour donner cette envie relève néanmoins d'enjeux tellement immenses pour l'épanouissement individuel des adolescents et la cohésion sociale qu'il convient d'y réfléchir.

D'abord, pour « faire ensemble », il faut des lieux.

Au sein de centres d'animations (comme Mieux-vivre et détente de La Pierre-Heuzé à Caen), de maisons de quartier (comme celles établies à Troyes), j'ai rencontré des adolescents engagés dans des projets. Donc tout sauf isolés ou fatigués. Impliqués dans des lieux pensés par ailleurs comme de véritables alternatives attrayantes à l'écran. Ne sont-ils pas les seuls espaces où des enfants m'ont dit « ne manquer de rien » ?

Une des plus fortes ambitions à envisager serait donc d'ouvrir bien d'autres espaces de quartier, qui soient attrayants, accessibles à tous les âges. Des espaces qui permettraient aux adolescents de se lier avec des grands frères et sœurs, des grands-parents retraités, des animateurs, de nouer de véritables amitiés, d'y trouver ce qui leur manque chez eux.

Des structures qui, en parallèle, permettraient de supprimer une partie des inégalités. Il en existe de ce type, intelligentes et attractives. Inspirons-nous-en.

En voici deux illustrations.

En février 2023, Lara, en classe de première, devait écrire une lettre de motivation pour rejoindre une classe préparatoire à Sciences Po. Ses parents, ne parlant pas français, n'ayant pas de compte bancaire et payant leur nourriture avec des tickets, ne pouvaient l'aider ni à la rédiger, ni à l'envoyer. À la maison de quartier, son courrier a été relu et discuté par plusieurs personnes, ce qui a accru ses chances de retenir l'attention des sélectionneurs. L'inégalité a été corrigée.

Printemps 2023. Saison de Parcoursup. Une connaissance, auteur d'un ouvrage récompensé par un grand prix du roman de l'Académie-Française, est sollicitée par sa petite-fille qui a besoin d'aide pour rédiger une lettre de motivation. Elle souhaite intégrer une université et doit insérer dans cette lettre la réponse à la question : « Quelles sont les valeurs qui devraient fonder notre monde ? » Injustice terrible du système : où est l'égalité entre Lara et cette jeune fille ? Où est l'égalité entre les candidats sommés de répondre à ce genre de question puisque certains rédigent les courriers en famille alors que d'autres sont seuls face à leur page blanche ?

C'est le rôle de la collectivité de compenser le plus possible le déficit d'égalité entre candidats. Il faut pouvoir rencontrer des experts, des « sachants » capables de donner de leur temps pour aider. Et il faut donc des lieux dédiés à ces échanges.

Certes, un adolescent, ou même un adulte, qui a du temps ne se dirige pas spontanément vers un espace collectif. Consciente de cette frilosité, la créatrice des Maisons de Quartier de Troyes, Mme Blott, assure que ces types de structures doivent être pensés comme des *places de village* pour faciliter le quotidien.

Pour que de tels établissements se transforment en lieux familiers, il faut créer des occasions de rencontre. Pour qu'ils soient vivants, on doit pouvoir y faire des devoirs, y résoudre des questions administratives, y trouver une information ou un objet pratique du quotidien. Il est essentiel d'y attirer tous les âges, enfants, familles, mais aussi jeunes actifs, l'intergénérationnel étant trop souvent perçu comme une relation entre un enfant et un retraité fort âgé. Certes, cela demande un travail de coordination au long cours entre secteurs et intervenants scolaires, culturels et sociaux, mais les résultats sur le bien-être de la jeunesse et en matière de prévention seront exceptionnels, prolongeront et développeront cette solution.

Si cette piste était suivie, deux questions se poseraient : celle des finances à trouver et des espaces à investir. Comme les plus belles réalisations sont celles de quartiers prioritaires ciblés « politique de la ville » ayant bénéficié de financements exceptionnels, il faudrait innover et multiplier les possibilités de créer ces lieux à partir de lieux publics existants. Donc au sein des communes. Une solution serait d'adapter à la cause de la jeunesse l'idée de « la ville du quart d'heure », ce modèle de cité idéale fondé sur les travaux du planificateur américain Clarence Perry au début du XXe siècle (l'unité de quartier), où les services essentiels se trouvent à une distance maximum d'un quart d'heure à pied ou à vélo de chacun. L'urbaniste Carlos Moreno ayant donné un nouvel élan au concept en 2015, plusieurs métropoles, dont Paris, s'en sont saisies. Ainsi, dans la capitale, des cours d'école et des crèches sont ouvertes au public le samedi afin de proposer des loisirs aux familles.

Une adaptation serait nécessaire, bien sûr, mais pourquoi ne pas envisager cette idée ? N'y a-t-il pas de nombreux lieux vacants dans les villes, publics ou non ? Des responsables de bars et de restaurants n'auraient-ils pas envie de se porter volontaires pour réserver régulièrement leurs espaces à des « moments de vie de quartier » ?

Le principe étant de permettre aux adolescents de venir frapper à une porte autre que celle de l'école et de la maison, à quelques minutes de chez eux, les associations, centres d'éducation qui manquent de lieux et de moyens pour développer des activités leur étant destinées pourraient-ils accéder aux espaces de quartier qui ne sont pas occupés en permanence ? Qu'ils soient pérennes ou éphémères, de tels espaces n'épauleraient-ils pas les parents en épaulant leurs enfants ?

Outre l'intérêt de remédier au sentiment de solitude et au découragement, ils faciliteraient l'ouverture aux autres grâce à un cadre apaisé. Nous avons vu, à travers les témoignages, comment les familles incitent certaines jeunes filles à rester chez elles. C'est aussi parce que des espaces de liberté rassurants, notamment pour les parents, manquent cruellement. L'enjeu est d'importance On ne se construit pas avec de l'hyperprotection mais avec du sens, de la convivialité, et de la transmission.

Autre fait majeur, les lieux de quartier sont des points de départ pour s'engager dans des actions locales qui répondent au besoin impérieux d'être utile. Si tous les jeunes n'ont pas la même capacité d'initiative, si tout le monde n'est pas Greta Thunberg, depuis plusieurs années, les adolescents expriment le souhait de se sentir utiles par le biais d'actions, qu'il s'agisse de missions humanitaires de proximité ou de préservation de l'environnement.

Le phénomène n'est pas nouveau, mais il est amené à se développer car, dans cette génération, le potentiel d'engagement est immense. L'éducation des filles et des femmes aux sciences, technologie, ingénierie et mathématiques (Stim) offre des leviers essentiels pour impulser des actions. À 14 ans à peine, la collégienne Allyah Semiai s'en est saisie. Elle a développé une solution destinée à lutter contre le harcèlement scolaire grâce à une application mobile, initiative qui est un modèle pour toutes les générations. Le même type de projets mobilise Louise et Ismaël, deux passionnés rencontrés aux Ulis. Dès qu'ils le peuvent, ils se retrouvent dans la salle d'informatique que le collège met à leur disposition et s'emploient à réaliser leur rêve : développer des solutions utiles pour des projets de l'école. Seul bémol : il leur manque des interlocuteurs avec qui débattre de leurs meilleures idées.

S'engager est une magnifique opportunité pour se faire des amis, parler d'autre chose que « de soi », de ses résultats, ses notes, ses performances. S'engager permet de vivre des moments de joie, des moments où l'esprit se repose, connaît une forme de plénitude. Tout l'inverse du vide, du « au bout de sa vie » si souvent décrits. « Rien n'est plus fatigant qu'une angoisse, rien n'est plus reposant qu'une joie[1] », dit le philosophe Éric Fiat dans son *Ode à la fatigue*.

Aussi, pour aider nos adolescents, créons-leur des espaces de socialisation, hors de l'école et de chez eux.

1. Éric Fiat, *Ode à la fatigue*, Paris, Observatoire, 2018.

Pour plus d'apaisement au sein du foyer, et entre le foyer et l'école

Sensibiliser les employeurs de parents d'adolescents...

On l'a vu, les adolescents sont trop souvent seuls. Quand ils rentrent du collège, les parents ne sont pas là parce qu'ils travaillent. Les employeurs ne pourraient-ils aider à changer cela à travers les politiques de responsabilité sociale que beaucoup mettent en pratique ? Cette avancée ne relèverait-elle pas d'une première prise de conscience, au sein même de l'entreprise, de ce qu'est la vie d'un salarié parent d'un jeune fragile ?

Lorsque la mère ou le père d'un bébé, ou d'un enfant en bas âge doit subitement rentrer à la maison parce que « le petit a 40 de fièvre », personne ne trouve cela anormal. On rangera ses affaires. Qu'il ou elle parte vite ! Mais lorsqu'un parent d'adolescent quitte le domicile le matin en y laissant un jeune semblant en proie à une angoisse inhabituelle, que fait-il ? Comment en parler à ses collègues ? Et si le problème se renouvelle ?

Le conseiller d'éducation d'Arras me confiait son désarroi quand il avait dû appeler sans tarder la mère d'un élève qui tenait, selon un camarade, des propos inquiétants trahissant des idées suicidaires. Son effroi devant cette dame démunie. « Elle savait bien… elle ne savait pas… elle balbutiait, était confuse. » Tout en se sentant coupable, elle lui avait dit qu'on l'attendait au bureau et qu'elle craignait de perdre sa place car ce n'était pas la première fois que son garçon avait eu besoin d'elle en pleine journée. Et puis le père de l'enfant, lui, était « au café ».

Cette histoire, qui pourrait être jugée caricaturale, ne l'est en rien. Elle est réelle, banale. Elle se répète avec bien des pères ou des mères obligés d'être absents. Or la seule affirmation qui compte, ici, c'est que les adolescents, même un peu grands, ne doivent pas être seuls. Surtout en ces circonstances. Surtout ceux dont on sait qu'ils vont mal.

Il est souhaitable que des parents puissent interrompre toute activité pour les secourir et quitter leur bureau sans raser les murs.

Il est fondamental que notre société reconsidère la parentalité au travail et crée une souplesse pour ceux qui ont besoin de prendre quelques semaines de congé afin de passer un cap difficile ou de prévenir des difficultés.

Il est impératif qu'on ne voie plus l'un des deux parents contraint de démissionner – très clairement, en général la mère – pour prendre soin des siens. « Mes enfants tiennent à peu près parce que j'ai quitté mon métier d'architecte », me confiait ainsi une amie. Est-ce normal ?

Le monde du travail doit prendre en compte ces nouvelles données sociétales, ces besoins contemporains et plus fréquents qu'on le pense. De façon égalitaire entre les hommes et les femmes.

...sans transformer les parents d'adolescents malades en aidants

Les médecins le disent : si les parents d'adolescents malades doivent pouvoir être libérés de certaines obligations dans les moments difficiles, leur rôle de parents ne doit pas non plus être effacé.

Comme le suggère depuis plusieurs années la docteure Marion Robin[1], il est nécessaire de créer des collectifs autour des enfants à partir des compétences repérées dans son environnement. Plusieurs métiers s'y prêtent. Des professeurs de sport ou d'arts plastiques à la retraite, par exemple, désireux d'aider, pourraient être intégrés dans un collectif piloté par les équipes soignantes autour d'adolescents, lors de périodes de transition, comme les sorties d'hospitalisation.

Constituer des équipes éphémères après un séjour à l'hôpital ou en cure de désintoxication, voilà une autre priorité. Si ce n'est une urgence.

---

1. Marion Robin, *Ado désemparé cherche société vivante*, Paris, Odile Jacob, 2017.

Le témoignage poignant de Paul-Antoine, à Ajaccio, illustre bien ce propos. Tristement, sans animosité aucune, ce jeune homme m'a raconté qu'il devait aller du domicile de son père à celui de sa mère pour ne croiser aucun d'eux, disant : « Mes parents ne savaient pas me gérer. » Par chance, il avait des grands-parents et quelques professeurs qui l'avaient discrètement pris en affection. Ses parents, ainsi entourés, ont eu la possibilité de s'adapter.

Dès lors que l'on converse avec des parents confrontés à la détresse d'un adolescent, les récits de récidives et d'attitudes à risque occupent le cœur des conversations.

Tant de cris doivent être relayés pour qu'on ne laisse pas les parents seuls, « la peur au ventre ».

Ici, je mentionnerai aussi le combat de Juliette Boudre. Son fils Joseph a succombé à 18 ans à une dépendance aux opiacés. Un livre, suivi d'un très beau film, sorti en avril 2023, raconte son histoire : *Maman, ne me laisse pas m'endormir*[1].

Or, à l'heure actuelle, les médecins sont obligés de se battre, à regret, pour que ces parents obtiennent le statut d'aidants – qui leur procure une dispense de travail, faute de mieux – lorsqu'un adolescent

1. Juliette Boudre, *Maman, ne me laisse pas m'endormir*, Paris, Observatoire, 2018. Le film réalisé par Sylvie Testud d'après ce livre est sorti le 26 avril 2023.

ne va pas bien. La docteure Stéphanie Lacoste en témoigne, à Meaux. « Nous n'avons pas d'autre choix, explique-t-elle, mais c'est une mauvaise solution car elle revient à priver les parents de leur rôle de parents. À faire d'eux ce dont ils auraient précisément besoin : des aidants. »

Les parents ne sont ni des médecins ni des infirmiers ni des travailleurs sociaux. La collectivité doit dès lors les épauler. Et leur fournir, lorsqu'ils travaillent, des aidants, qui, eux, resteront avec leurs enfants, les occuperont, sous le contrôle et le pilotage des psychiatres.

Valoriser le temps déconnecté

En matière d'hyperconnexion, à l'impossible nul n'est tenu et l'interdiction pure n'est en rien efficace. D'autant que si le parent n'est ni médecin ni infirmier, il n'est pas toujours non plus un bon « policier ». « Nous ne sommes pas armés pour contraindre nos enfants à un usage modéré des téléphones, car nous n'avons pas eu ces outils dans notre jeunesse », m'expliquait un parent à Nantes. « Nos enfants, en revanche, sauront très bien parler à leurs propres enfants. »

Néanmoins, l'école ne doit pas être le seul endroit – théorique – de déconnexion des réseaux sociaux.

Comme le disait Julia, professeure à Ajaccio : « La nuit, la Terre doit pouvoir s'arrêter de tourner. Et une blessure amicale, retomber quelques heures, jusqu'au jour suivant. »

Dans ma génération de parents, nous avons tous eu la chance de pouvoir attendre une bonne surprise ou de prendre le temps d'en digérer une mauvaise. Nous avons appris que les nuits sont faites pour dormir et, insomniaques ou pas, nous avons pu espérer chaque matin quelque chose de nouveau, susceptible de nous permettre de reconsidérer un projet, une situation. La permanence de la connexion empêche cela.

Si nous voulons aider nos enfants à plonger dans l'oubli salvateur, puis à penser que maintenant est « le premier jour du reste de leur vie », il convient de les aider, collectivement, à se libérer des connexions en continu.

Changeons de logique aussi.

Plutôt que de compter le temps connecté, valorisons et même comptabilisons le temps d'écran déconnecté, discours au potentiel autrement plus libérateur.

Pour protéger les enfants des incertitudes face au monde instable et les empêcher d'être en permanence dans l'action digitale, menons des actions positives. Par exemple en recourant au principe du *nudge*[1] ou de l'effet de mode pour valoriser ces heures sans connexion, notamment la nuit.

Bien sûr, les parents n'arriveront pas à lancer une mode, foyer par foyer, mais une collectivité peut réfléchir à la valorisation du temps déconnecté.

Favoriser chez nos enfants la position d'acteur qui se construit, plutôt que celle de victime qui subit

Les écrans et les producteurs de contenus font de nous des objets (et non des sujets), qui reçoivent de l'information non choisie dans un flux permanent. Plus que passifs, nous sommes enclins à nous sentir victimes de situations qui nous dépassent. Et nous risquons d'y perdre le sens de l'action.

Léna, Louise, Nelly, Maria, Antonina, Anouck, Paul-Antoine ou Léonore m'ont décrit les cours de récréation et les salles de classe comme des lieux où l'on subit des situations.

Les jeunes filles, en particulier, sont encouragées, sournoisement, à se considérer comme des victimes, ce qui est une conséquence de la nécessaire mobilisation contre les violences faites aux

1. Le principe du *nudge* est de rendre attrayants de « bons comportements » en se fondant sur le principe de l'imitation. Inserm, « Le *nudge* : outil efficace ou effet de mode ? », www.inserm.fr/actualite/le-nudge-outil-efficace-ou-effet-de-mode.

femmes. Mais comment les protéger de la peur d'avoir peur ?

La lutte contre les maux d'une société est une chose, mais les effets « secondaires » de ce combat nécessaire sur nos enfants, garçons et filles, sont à observer avec soin.

Olivia, qui suit de près ces sujets de violences, n'est pas tranquille lorsqu'elle repose son téléphone pour dormir. Parce que ces thèmes l'angoissent et qu'elle n'a personne avec qui partager la dernière nouvelle d'un féminicide ou d'une femme kidnappée en faisant son jogging. Quant à son frère, c'est parce qu'il se sent mal à l'idée que quiconque puisse le voir comme un prédateur qu'il ne parle plus aux filles de sa classe.

Apparaît ici l'un des éléments à prendre en compte dans le travail à effectuer pour lutter contre le harcèlement : faciliter la mixité, l'acceptation et la valorisation de la différence, dès le plus jeune âge, dans toute la France, doit devenir systématique. Sans cette avancée, la fraternité, la bienveillance au sein des collectivités, sera impossible. Comme le dit Léna à propos du harcèlement, quand le phénomène gagne l'école, « c'est déjà trop tard ». Les actions préventives doivent retenir toute notre attention. Il est possible d'aider les parents à prévenir les conflits au sein du foyer par des livres, des jeux, comme dans des lieux publics pensés pour « faire ensemble ».

Les adolescents sont par ailleurs exposés à des questions d'identité. Les sauver du découragement commence par les mettre en condition de construire leur identité à partir d'expériences, de passions, de lectures. Dire à son enfant : « Toi, tu ne seras jamais les autres » est inspirant. Aimer ses enfants avec leurs particularités, ne pas attendre d'eux des résultats de conformité parce que cela nous rassure, mais plutôt les aider à mieux se connaître, c'est essentiel.

Tout cela implique des actions pour améliorer la connaissance de soi, et donc la confiance en soi, actions que la société devra soutenir.

Aider les parents à valoriser l'école, à en devenir des partenaires

Le rôle des parents est d'envoyer leurs enfants à l'école, de justifier auprès d'eux son utilité, de leur donner ainsi une perspective en expliquant qu'on n'y va pas pour se comparer (Pauline, à Lille, qui a bien observé que les élèves sont classés de façon très visible, regrette cet état de fait).

Or, on l'a vu, nombre de parents peinent à valoriser le sens de l'école, soit parce qu'eux-mêmes ont connu un parcours douloureux avec l'institution, soit parce qu'ils adhèrent inconsciemment à l'idée que la classe est une épreuve, soit parce que leur vision de la réussite se résume au bulletin scolaire, au sens strict d'une note. Il me paraît nécessaire de déployer des actions pour que les parents, notamment dans les milieux les plus défavorisés, puissent être accompagnés pour suivre plus facilement la scolarité de leurs enfants.

Les enfants ont peur des notes parce qu'elles instaurent une comparaison entre eux, mais aussi parce qu'il faut les « rapporter » aux parents. « Mes parents vont me tuer », entend-on dans les cours de récréation. C'est donc aux parents d'adopter un discours simple et soutenant, de dire qu'on va l'école pour acquérir des compétences, et d'abord pour soi.

Encore faut-il que la société joue le jeu, bien sûr. D'où une définition de la réussite (évoquée au début de ce chapitre) réellement revue, partagée et progressivement diffusée dans les foyers.

Diffuser la culture d'une scolarité paisible et réussie me semble possible, même si la tâche est d'ampleur. Pour qu'apprendre ne soit plus un sacerdoce douloureux. Ce mur est à abattre. Certaines écoles sont de véritables modèles en la matière. Il suffit de les repérer, et de favoriser le partage des bonnes pratiques.

De même que le monde a évolué sur le recours aux brimades physiques – la gifle était considérée comme normale il n'y a pas si longtemps –, le regard de la société sur la souffrance éducative change.

C'est à toute la société de repenser une scolarité paisible et réussie.

Et c'est à l'école de se réformer et de tenir compte de ce que sont les enfants d'aujourd'hui et de leur environnement. Une école qui a besoin de se concentrer sur sa mission et n'y arrivera qu'avec le soutien des parents et des tiers, sans se substituer à eux.

Refaire de l'école le lieu du plaisir d'apprendre

Aucun ministre de l'Éducation nationale ne dirait le contraire : l'école doit être un lieu où l'on ressent le plaisir d'apprendre, où l'on se forge soi-même, où l'on apprend à distinguer ses forces, ses motivations, à se connaître et à être fier de soi.

Pourtant, pour trop d'enfants elle est synonyme de fatigue, de découragement.

Comment trouver la confiance en soi, l'estime de soi, le plaisir, alors qu'aujourd'hui, on n'y parvient pas ?

Voici quelques idées pour avancer.

L'urgence : donner la possibilité aux élèves de se réinventer

Nos enfants savent qu'ils franchissent des étapes essentielles alors qu'ils sont encore très jeunes. Les évaluations leur sont source de stress depuis le début de leur scolarité alors qu'ils devraient pouvoir se tromper, comprendre que l'examen relève seulement d'un entraînement. Mais c'est nous qui les installons dans une compétition décourageante et considérons ce fait comme culturel.

Il en va de même pour l'orientation. Prenons l'histoire d'Emma. Cette jeune fille de Seine-et-Marne veut faire médecine – comme ses parents – depuis qu'elle a 4 ans. Excellente élève, bien conseillée sur ses choix d'options, elle fait donc une demande d'inscription à Paris pour entrer en faculté de médecine. Sans succès. Tout l'été, elle se rend au secrétariat de la Sorbonne afin de retenter sa chance. Et, chaque jour, redépose son dossier. Ses vacances sont détruites. À la rentrée, alors que depuis deux semaines, les étudiants ont commencé à travailler, elle découvre un matin qu'elle est finalement admise. Elle rattrape les cours comme elle peut. Mais un retard de deux semaines pour un concours aussi sélectif est fatal. Emma rate son année. Sans avoir le droit de redoubler. Des espoirs saccagés, une énergie dépensée en vain à cause d'incohérences administratives aberrantes.

Emma me raconte ces péripéties depuis sa nouvelle université, située à Chypre. Elle y est très heureuse. Plus jamais elle ne veut étudier en France. Là où elle étudie, tout est fait pour que les étudiants progressent et deviennent les meilleurs. Elle compare son sort avec celui de ses amis restés à Paris.

Ils en sont encore à éviter les questions pièges dans les QCM. Selon elle, un retour en arrière est impossible lorsqu'on a quitté le système français, qui joue principalement sur la souffrance et la compétition.

On peut tirer de cette histoire plusieurs enseignements.

Pour éclairer l'indispensable réflexion sur la notion de réussite, nous devrions inclure les récits des élèves ayant eu la chance de vivre une expérience différente hors du pays. Mener une enquête spécifique auprès de ces jeunes expatriés nous apporterait beaucoup.

Pour encourager nos enfants, gardons en ligne de mire, quels que soient les outils utilisés (Affelnet, Parcoursup...), l'orientation qui leur convient. Si l'instrument devient une fin tellement angoissante qu'elle fait oublier ce pour quoi le système a été mis en place, on touche à la catastrophe. À l'inverse, nous pourrions entretenir des vocations, les révéler.

Nous l'avons vu, Parcoursup est le nouveau bac. « Il faut l'avoir », disent les élèves, expression terrible. Pour nombre d'entre eux, l'outil est transformé en source d'angoisse excessive, qui grandit depuis la fin du collège tant ils savent que leurs rêves peuvent en un instant s'effondrer. Et quel temps précieux perdu par les enseignants, à formater des élèves dans un système dont la seule raison d'être est de leur donner une chance d'être sélectionnés ! Par ailleurs, on l'a vu, censément plus égalitaire, Parcoursup a été contourné. Certaines familles, parce qu'elles le peuvent, rémunèrent des conseillers pour renforcer les chances de leurs enfants d'être bien placés. Un marché s'organise.

Une conclusion s'impose : ce système doit être réformé.

Tous les lycéens que j'ai rencontrés, tous les professeurs, ou presque, pensent que Parcoursup leur a nui.

Le problème véritable étant que l'outil abîme le rêve et donc fragilise la motivation. Si l'on songe à une vocation avec plaisir, il faut intégrer d'emblée l'idée qu'on ne pourra peut-être même pas tenter sa chance. Le plaisir de se projeter, de s'inventer un autre futur, qui a permis à des générations entières de changer de classe sociale, se brise sur la rigidité de l'algorithme. La plupart de mes proches se sont émancipés grâce à l'école de la République. Tel mon mari, fils d'ouvrier qui attendait, adolescent, à la station de bus de Champigneulles dans la banlieue de Nancy. Le matin, à 7 heures, sous le pont de l'autoroute, il y avait souvent du givre, de la pluie et du vent, mais le parcours vers le lycée de Nancy répondait à une promesse éducative de la République. Travailler permet de faire des rêves et de les réaliser.

La promesse n'a plus le même sens ni la même force aujourd'hui.

Les moyens purement algorithmiques d'orientation post-bac se sont transformés en barrage empêchant l'accès au rêve et donc à la réussite. Il faut urgemment les adapter. Si Affelnet et Parcoursup sont des outils indispensables au parcours d'orientation, dont l'objectif est de répondre à l'afflux croissant de candidats, l'absence d'un accompagnement humain élaboré et conscient pour reconsidérer certaines situations, analyser les contextes, comprendre l'absence de clarté des critères, parfois la rigidité, en a fait un système inégalitaire, alors qu'il pourrait être d'utilité publique. L'enjeu est d'éviter la confusion entre la fin et les moyens.

Évitons par ailleurs le drame de l'orientation trop précoce, avec des choix d'options exigés dès la classe de première, dont on parle dès la fin du collège et qui ferment l'accès aux formations ultérieures.

Nos élèves de seconde, dès 15 ans, déterminent leur spécialité pour le cycle terminal en anticipant une orientation ultérieure.

Et, deux ans plus tard, à 17 ans, certains prennent conscience d'avoir été contraints à de mauvais choix par cette pression, avec d'importantes conséquences. Ainsi, « il est souvent impossible de se présenter en médecine si on a choisi les spécialités "physique-chimie" et "SVT". Il fallait choisir les maths ! » me confie une adolescente, pourtant bien conseillée et fille de professeur. Qui le savait ? Des blocages et des complexités d'autant plus sidérants que, dans le même temps, à quelques centaines de kilomètres de la France, on peut tranquillement prendre une année sabbatique, mûrir, puis revenir étudier après un beau voyage !

Pour réenchanter la vie scolaire, développer la culture de l'oralité et de la discussion

Sauver nos enfants du découragement et d'une fatigue diffuse demande de valoriser la notion même de discussion.

La discussion informelle, celle de tous les jours entre élèves et corps enseignant, s'est raréfiée. Pourquoi ? Parce qu'on est passés de l'accueil d'une parole simple à une tension autour de quelques mots, parce que l'échange s'est dématérialisé pour devenir uniquement fonctionnel, transmis par messagerie. On parle à son voisin de classe par WhatsApp ou sur Insta, en recourant à la nouvelle grammaire des émojis. Dès lors, les mots ne sont pas adoucis par des regards, des gestes, l'expression des émotions.

L'agression physique, quant à elle, s'est décomplexée. À l'école, nous l'avons vu, on se pousse facilement dans les escaliers. Ainsi, pour lutter contre le harcèlement et la violence, le développement de l'oralité et de la lecture est une piste que certaines écoles françaises explorent.

L'écrivain Azouz Begag dit : « Une fois qu'on a lu un seul livre, on a été au moins une fois seul à seul avec soi-même. » Dans sa nouvelle *Les Voleurs d'écritures*, quatre garçons d'une cité chapardent dans les centres commerciaux lorsque l'un d'eux découvre qu'à la médiathèque, on peut « piquer des livres » sans se faire prendre. Alors ils s'y font enfermer le soir même. Comme il leur est impossible de sortir, ils n'ont d'autre solution que de piocher dans les livres des rayonnages… et d'y prendre plaisir.

Promouvoir la lecture, par tous les moyens, s'impose. Elle est le meilleur moyen de s'éloigner du bruit du monde. Prenons donc nos adolescents par la main et aidons-les à atteindre cette quiétude, à savourer le plaisir d'être seul, de ne rien faire, manière irremplaçable de réenchanter l'existence.

Dans toute la France, dans de nombreux établissements, la créativité ne manque pas pour développer l'expression. Les expériences d'échanges sur soi dans un cadre rassurant entre élèves et professeurs, comme à Perpignan avec Parcours en Je, la participation à un prix du livre des lycéens comme à Arras, les lectures à voix haute, les concours d'éloquence, sont autant d'initiatives qui facilitent l'ouverture et l'apaisement. Le théâtre peut parfois sembler un exercice loin des préoccupations des élèves, mais participer à un spectacle génère la satisfaction de construire une œuvre collective, qui intéresse souvent les amis et établit un lien avec le monde des parents. Les professeurs savent choisir des pièces susceptibles de plaire aux élèves.

Plutôt que des stratégies pensées loin des élèves et imposées, il serait utile que les collèges et lycées soient aiguillés vers un partage des bonnes pratiques.

Mais afin d'aider nos élèves à parler, discuter, encore convient-il de rendre aux professeurs la liberté pédagogique qu'ils ont perdue.

Des professeurs heureux font des enfants heureux

Il y a encore des professeurs heureux dans notre pays. Hélas, ils ne semblent plus être majoritaires. Nombre d'entre eux songent même à quitter le navire.

Certes, le salaire n'est pas attirant même si une certaine revalorisation a été annoncée. Mais il n'y a pas que le chiffre au bas de la feuille de paie qui entre en jeu : le sens et l'éthique de leur profession sont eux aussi en cause.

Les enseignants qui ont commencé leur carrière en pensant transmettre ont aujourd'hui le sentiment de la finir en classant des élèves.

Vanessa, professeure de français, voudrait quitter l'Éducation nationale. Parce qu'elle doit faire face à la perte de liberté pédagogique dont bénéficiait sa profession. Pour préparer ses élèves au bac de français, elle doit par exemple choisir cette année une œuvre parmi une liste qui se limite à trois textes : *Manon Lescaut* (abbé Prévost), *La Peau de chagrin* (Balzac), *Sido* (Colette). Or, dans certaines classes, d'autres textes seraient plus adaptés et plus captivants.

Professeure appréciée de ses élèves, elle s'épuise à les voir s'énerver, s'angoisser, se dire qu'ils ne sont pas capables.

L'envie de démissionner grandit en elle parce qu'elle a le sentiment de ne plus pouvoir transmettre. Avec une liberté pédagogique corsetée, le cœur de sa mission est nié.

Faut-il le répéter ? L'épuisement de tant de professeurs, le *burn-out* de nombre d'entre eux sont des phénomènes d'une extrême gravité. Il est urgent d'apaiser cette fatigue sociale.

Tous affrontent la lourdeur des programmes, le fait qu'il y a trop d'enfants en difficulté, des élèves dont ils ne peuvent s'occuper correctement à cause des classes surchargées. Sans parler des inégalités sociales et culturelles des familles. Ils sont peu formés à la gestion d'une classe, et pourtant confrontés aux réalités qui n'ont rien de nouveau, mais qui sont de plus en plus préoccupantes, au trop faible nombre d'assistants de vie scolaire, de médiateurs et de surveillants mis à la disposition des établissements scolaires.

À ces questions fondamentales, les responsables publics tentent depuis des années de trouver des solutions. Mais ils se heurtent à d'innombrables contraintes. Pour une part financières et bureaucratiques, mais aussi pédagogiques et, plus gravement encore, conceptuelles. Malgré des avancées méritoires (telle la récente réduction des effectifs dans les classes prioritaires), l'impression qui ressort des politiques menées depuis quelques années est d'abord celle d'un activisme désordonné qui cache mal une incapacité à définir des objectifs clairs et consensuels.

Or une question s'avère prioritaire : comment attirer les meilleurs dans ce métier magnifique qui suscitait jusqu'à une date récente tant de vocations ? Comment proposer à ceux qui forment les futurs citoyens des perspectives dignes d'être vécues ? Comment leur offrir un plan de carrière et des rémunérations comparables à ceux dont jouissent leurs pairs dans la plupart des pays européens ?

Il n'est pas question de répondre ici à ces interrogations capitales. Mes multiples entretiens avec des enseignants au cours des derniers mois m'ont apporté la certitude que la plupart d'entre eux ont beaucoup réfléchi à ces sujets et sont à même de faire des propositions réalistes pour améliorer la situation. Même si, depuis trop longtemps, ils ont l'impression que personne, en haut lieu, n'est à leur écoute.

Les solutions trouvées dans certains pays européens pour adapter le système scolaire aux bouleversements du monde dans ce difficile aggiornamento doivent nous aider. Certes, nos passés et nos sociétés sont très différents. Mais les réussites constatées ailleurs pourraient nous aider à faire évoluer nos programmes et méthodes sans pour autant que nous ayons à renoncer aux spécificités auxquelles nous sommes légitimement attachés.

Je pense aux nations scandinaves et en premier lieu à la Finlande qui a su mettre en place une école où, de l'avis général, règnent le bonheur d'apprendre et celui d'enseigner.

Des réformes réussies ont été mises en œuvre partout, qui tentent de tenir compte de l'évolution radicale des modes d'accès à la connaissance. L'Europe que nous avons fondée présente des insuffisances et des lacunes, mais elle constitue une formidable boîte à outils pour faire circuler les expériences. Des nations parvenues à des degrés voisins de développement et de culture, et confrontées aux mêmes graves défis civilisationnels, ne pourraient-elles s'enrichir ainsi ?

Voyons autrement et plus clair en regardant hors de nos frontières et en choisissant des caps réalistes et mobilisateurs !

Épilogue

Tous les collégiens, lycéens et apprentis que j'ai rencontrés pour écrire ce livre ont beaucoup à se dire. Cette vérité s'impose comme l'une des découvertes heureuses de ce voyage.

La jeunesse française est plus diverse que jamais. Entre une lycéenne qui aide son père à la ferme et prépare son propre petit déjeuner depuis l'âge de 6 ans, les collégiens d'établissements classés en zone d'éducation prioritaire et les adolescents qui ont voyagé à l'étranger et vont au théâtre dans les bâtiments historiques des grandes métropoles, peu de ressemblance en effet.

Pourtant, qu'ils soient apprentis en mécanique rêvant de voitures depuis tout petits, adolescents qui se préparent à présenter le concours de l'École polytechnique, ou bien qu'ils pensent au bled et escaladent les toits en attendant d'y retourner, ils appartiennent à la même planète.

Les rencontrer a fait ressortir le lien qui les unit : tous pensent au sens de leur vie, tous scrutent l'horizon avec inquiétude. Tous oscillent entre la fatigue de la résignation et la force qui naît du refus de subir.

Or c'est sur ce refus, comme sur la quête de sens, que va – que doit – s'appuyer le rebond.

Dans quelques années, ces enfants seront grands. Leur génération, qui traversé depuis sa naissance les bouleversements technologiques, la crise financière, la pandémie de Covid, entrera dans le monde des adultes. Même si ce n'est pas encore leur préoccupation, certains accompagneront leur famille, leurs propres enfants, leur entourage, et prendront part activement à la société.

Il leur faudra du courage. Et, surtout, de l'engagement. Car les tensions entre individus, les petites violences, verbales, physiques, comportementales, laissent des traces. Les blessures, c'est ce qui abîme, et c'est aussi parfois ce qui forge lorsqu'elles deviennent des cicatrices. Mais quand on est « fatigué », elles peinent à cicatriser et abîment plus encore. Des cicatrices susceptibles d'affaiblir une personnalité.

Il leur faudra des compétences, mais surtout de la curiosité. Nos enfants sont ceux des technologies et des espaces virtuels mais aussi d'un nouveau rapport à la nature, au monde et à sa globalité.

Cette génération, sans doute la première à se poser avec une telle acuité la question de la survie de l'humanité, sera nécessairement confrontée à la nécessité de penser de nouveaux modes de vie. Car les jeunes sont aussi fatigués de la façon dont les adultes ont traité la planète. C'est la génération TikTok, celle qui a aboli les frontières en s'appropriant le numérique. Ce qui fait qu'à leur âge, on est parfois plus étranger dans son quartier que sur Internet. « Lorsque je mange un biscuit, je pense à l'enfant qui a travaillé dans un champ en Asie », me dit mon enfant à Paris.

Aider cette génération à tisser des liens proches ou lointains, l'accompagner pour qu'elle rebondisse, lui permettre de choisir sa révolte, pour ne pas seulement s'adapter ou subir mais plutôt créer et construire, c'est un enjeu vital, pour elle mais aussi pour tous.

L'aider à tirer le meilleur de la modernité, de l'intelligence artificielle, inventer des solutions nouvelles dans les services sans pour autant les déshumaniser, c'est la rendre plus forte. Il nous faut simplement préparer nos enfants à relever des défis nouveaux avec intérêt et curiosité plutôt qu'à affronter l'avenir avec inquiétude et dans la contrainte.

Devenir un adulte heureux et engagé dans le monde de demain suppose d'accumuler de nouvelles connaissances et de croire au progrès, mais surtout d'avoir confiance en soi. Nous devons donc à nos enfants les meilleurs systèmes d'éducation afin qu'ils puissent se découvrir, se comprendre, se réinventer, et mieux grandir. Nous leur devons une éducation qui forme à naturellement œuvrer pour le bien commun.

Cela suppose que nous acceptions de glisser de l'idéal de l'homme prométhéen qui se dépasse et transforme – qui est à l'origine de nos succès et de nos progrès mais aussi de nos crises et de nos fatigues – vers un autre idéal moins exigeant envers ses propres performances. Un homme qui se reconnaît comme un élément du monde et non son maître. Il faut aider cette génération à reprendre le précepte du temple de Delphes et à le prolonger : connais-toi toi-même pour comprendre la réalité qui t'entoure, et y prendre ta place. Une juste place et non toute la place.

Il leur faudra du temps pour faire aboutir une révolution aussi fondamentale. Mais celle-ci est déjà dans la tête des jeunes de notre pays, même si elle se focalise encore essentiellement sur la défense du climat et la recherche d'un rythme de vie moins effréné.

Nous, adultes d'aujourd'hui, en portons l'entière responsabilité. Cette prise de conscience impose d'accélérer la défense active de la planète, et le soutien positif à nos enfants. De considérer que des enfants plus heureux, plus philosophes, plus scientifiques, plus artistes, laisseront à leurs propres enfants un monde et une planète en meilleure santé.

À nous de faciliter la métamorphose d'une génération qui doute de tout en une génération qui construit. À nous, plutôt que d'amplifier les inquiétudes de nos enfants, de regarder la force qui grandit. Méfions-nous de notre propre pessimisme, pire, de notre aveuglement. Augmentons l'intensité de la lumière pour les sortir de l'épuisement et éviter qu'il ne devienne renoncement. Trouvons en nous, pour les aider, une force tout aussi constructive, une force qui métabolise les anxiétés pour nourrir l'envie d'un avenir meilleur.

J'ai rassemblé ces différents témoignages pour mobiliser autour d'un seul grand objectif : nous remettre collectivement en question pour donner à tous nos enfants l'envie de grandir et la certitude qu'ils sont à la hauteur des enjeux immédiats et des défis futurs.

Reste que les dangers sont là, menaçants, pressants.

Remerciements

Ce livre fut possible grâce aux contributions de tant de personnes que je remercie vivement.

D'abord tous les adolescents qui ont témoigné.

Mais aussi toutes les personnes qui m'ont aidée, notamment les professeurs, chefs d'établissement, professionnels de santé, travailleurs sociaux, chercheurs, responsables d'institution nationale et de collectivité locale et toutes leurs équipes, qui ont facilité ces rencontres au sein des établissements scolaires, des maisons de quartier, ou au sein de leurs familles, et qui m'ont souvent apporté leur expertise et leur soutien : François Baroin, Xavier Bertrand, Céline Blott, Bertrand Boyer, Olivier Briffaut, Joël Bruneau, Philippe de Bruyn, Bernard Cazeneuve, Hamed Cheniti, Jean-François Copé, Servane Charpentier, Florence Davin, Bertrand Derquenne, Mathilde Enjalran, Caroline Etchecopar, Sylvie Fauci, Martin Gabriel, Patrick Imhaus, Stéphanie Lacoste,

Hervé Le Bras, Hélène Lecointre, Isabelle Legrand, Maud Lelièvre, Thomas Maitret, Nicolas Mayer-Rossignol, Selma Mehyaoui, Nathalie Monin, Isabelle Moracchini, Maymouna Mourouvaye Payet, Johanna Nepote-Cit, Xavier Nicolas, Mickael Noury, Anaïs Ogrizek, Lisa Ouss, Marion Robin, Louis Saphores, Hervé Teirlynck, Marc Telliez, Candie Toussirot, Anne-Marie Vignon, Cédric Villani, Myriam Weil, Anne Welker.

Les partenaires du baromètre des adolescents de Notre avenir à tous : Karine Lamiraud de l'Essec, Gilles Finchelstein de la fondation Jean-Jaurès, Étienne Mercier et les équipes d'Ipsos.

Mes éditeurs, Thierry Billard et Marion Lavenir, et les équipes des éditions Robert Laffont – Agathe Bernabotto, Emmanuelle Coppeaux, Ombeline Ermeneux, Inès Paulin, Martine Rivierre, et Adélaïde Yvert – pour leur confiance et leur engagement.

TABLE DES MATIÈRES

Deuxième partie
Mille adolescents répondent à une enquête

Troisième partie
Donner envie de grandir

Ce livre existe grâce au travail de toute une équipe.

Communication : Caroline Babulle, Sabrina Bendali, Inès Paulin, Adélaïde Yvert.

Coordination administrative : Martine Rivierre.

Studio : Pascaline Bressan, Barbara Cassouto-Lhenry, Joël Renaudat.

Fabrication : Muriel Le Ménez, Céline Ducournau, Bernadette Cristini, Sophia Paroussoglou, Isabelle Goulhot.

Commercial, relation libraires et marketing : Catherine Lauprêtre, Perrine Therond, Ombeline Ermeneux, Élise Iwasinta, Morgane Rissel, Arthur Rossi, Aurélie Scart.

Cessions de droits : Elisabeth Stempak, Benita Edzard, Lucile Besse, Sonia Guerreiro, Costanza Corri.

Gestion : Sophie Veisseyre, Chloé Hocquet, Isabelle Déxès, Camille Douin.

Services auteurs : Viviane Ouadenni, Jean-François Rechtman, Catherine Reimbold.

Ressources humaines : Mylène Bourreau.

Juridique : Laëtitia Doré, Anaïs Rebouh, Valérie Robe, Lucie Bergeras, Julia Crosnier.

Avec le soutien des équipes d'Interforum et d'Editis qui participent à la création, la diffusion et la distribution de ce livre.

Canoros Vehit Canentes

Imprimé en France par
CPI Firmin-Didot en
août 2023

pca
cmb
édition pré-presse
livres numériques

44400 Rezé

Pour plus d'information :

#lisez!
engagé
www.lisez.com
Imprimé sur du papier issu de forêts gérées durablement.

N° d'édition : 65865/01 – N° d'impression : 174844